JENS NINK

ROCK TERRINE

SO SCHMECKT ROCK'N'ROLL

SO SCHMECKT ROCK'N'ROLL

RØCKTERRINE

A DEATH IN THE FAMILY
Atom

.INHALT

VORWORT

Es gibt Jene, die wollen nur ein spezielles Bier haben – und auch nur das. Und Jene, die sich über den Geruch des Essens aufregen – aber dann doch gut und gerne essen wollen. Der eine möchte Zahnstocher haben – was ja nicht verwerflich ist – aber die sollten möglichst aromatisiert sein. Das sind nur wenige Beispiele, aber beim Catering-Serviceerlebt man die unglaublichsten Geschichten. Catering-Firmen versuchen, den Aufenthalt der Bands so angenehm wie möglich zu gestalten, wie auch eine Band in ihrem Rider darauf hingewiesen hat: „Ihr tut uns, Euch und dem Publikum einen großen Gefallen, wenn auf das Catering die größte Mühe verwendet wird." Der Rider wird mitunter dafür verwendet, Dinge zu bekommen, die eher ungewöhnlich sind – wie zum Beispiel „1 pack of white socks" oder „eine australische Gewürzwurzel" (die eigentlich gar nicht existiert). Es ist sozusagen ein inoffizieller Sport zwischen Bands und dem Catering. Dieses Buch gibt einige Eindrücke aus dem Leben der Rockterrine-Mädels sowie aus dem Leben ihrer bekochten und hart tourenden Bands.
Aber vor allem ist es ein Kochbuch!

PHILOSOPHIE

Es ist unsere Philosophie, mit vielen frischen Kräutern zu kochen. Ständig, bei Wind und Wetter, auf Tour, versuchen wir den Künstlern eine gesunde und ausgewogene Ernährung zu bieten. Die Rockterrine arbeitet mit guten Ölen, exotischen Essig-Variationen, einem nicht alltäglichen Senf-Sortiment oder einem guten Moselwein, der seine Dienste nicht nur beim Essen erfüllt. Es sind frische Kräuter, frisches Obst oder Gemüse aus Opa Willis Garten, wirklich guter Safran und Berberitzen direkt importiert von Mama aus dem Iran, die den Weg in die Töpfe und Schüsseln der Terrinen finden.

Katrin und Simone haben die Rockterrine 2003 in Trier ins Leben gerufen. Mit der Unterstützung von Samaneh und Silke bilden sie ein Dreamteam bezeichnet werden.

ROCKTERRINE

KATRIN LAUTER

Rufname: Kaddi

Alter: 28

momentane Tätigkeit: Diplompädagogin, Bassistin, Rockterrine Girl

berufliches Ziel: Rockterrine groß rausbringen und Ernährungsberaterin auf Tour sein

bei Rockterrine seit: 2003 (hat aber ab 1995 im Exhaus angefangen, für Bands zu kochen)

bevorzugtes Gewürze: Basilikum, Dill, Rosmarin, Ingwer, Cumin

Lieblingsgerichte: Auberginengratin, Sushi, Rucolapizza

spezialisiert auf: Salate und Fisch

liebste bekochte Band: Favez, Muff Potter, Bela B., Sasha

bestes Konzert: Favez, Voo, 28 Costumes

mag: I knew it: Hurray!, Rockterrine plus Jens, Alex, Baddi, Mama, Papa, Oma, Opa, Paula & Mandy

mag nicht: Kopfschmerzen, schlechtes Essen

Zitat / Spruch über mich: „Haben sie auch laktosefreie milch?“

inspiriert durch: Oma Janni

SIMONE VOIGT

Rufname: Uschi

Alter: 29 Jahre

momentane Tätigkeit: Jurastudentin / Examensvorbereitung

berufliches Ziel: Rechtsanwältin, mit der Rockterrine ganz nach oben

bei Rockterrine seit: März 2003

bevorzugtes Gewürz: Salz, Petersilie, Paprika

Lieblingsgerichte: Kartoffeln in jeder Form, Auberginenauflauf

liebste bekochte Band: Sasha, Stefan Gwildis, Bela B.

bestes Konzert: Depeche Mode

mag: Die lieben Menschen um mich herum und natürlich leckeres Essen.

mag nicht: Dummschwätzer

Zitat / Spruch: „Heute haben wir aber nicht so viel gegessen, oder?"

SAMANEH PARVIN ZAMIR

Rufname: Samone, Möni

Alter: 24 Jahre

momentane Tätigkeit: Studentin der Anglistik und Philosophie

berufliches Ziel: Lehrerin am Gymnasium

bei Rockterrine seit: 2003

bevorzugte Gewürze: Safran, Salz, Chili

Lieblingsgerichte: Reis auf jegliche Art und Weise, persische Küche!

spezialisiert auf: Reis- und Pastagerichte, Geflügelzubereitung

liebste bekochte Band: Former Cell Mates, The Weakerthans, Bright Eyes

bestes Konzert: The Weakerthans, Former Cell Mates, A Death In The Family

mag: gutes Essen, gute Musik, gute Bücher (am besten kombiniert mit einem deliziösem Glas Rotwein), ein paar besondere Menschen

mag nicht: schlechtes Essen, schlechte Musik, schlechte Bücher

Zitat / Spruch: „Allet geil! Geil!", „Du stinkst! Säääkt!"

Simone und Katrin kennen sich seit sie drei sind. Während sie zu dieser Zeit noch Sandkuchen im Spielkasten «buken» und später imaginäre Speisen in der «Fisher Price»-Küche zubereiteten, stehen sie jetzt gemeinsam in richtigen Küchen und kochen für Stars. Seit drei Jahren kümmert sich die «Rockterrine» um das leibliche Wohl von Künstlern bei Veranstaltungen in der Region.

ROCKTERRINE DI DIE ROCKT!

Trier. «Oh Mann, sehen die zwei lecker aus», dachte ich mir, als ich vor den beiden Suppentöpfen stand. Vom Essen war nach dem Konzert von SIMPLY RED, wo ich als Runner arbeitete und deshalb auch in den Backstagebereich durfte, leider nichts mehr übrig geblieben. Aber dafür löffelte ich die beste Erbsensuppe, die ich bisher gegessen hatte. Verantwortlich für diese Köstlichkeit zeichnete sich Simone Voigt. Sie und Katrin Lauter betreiben den Catering-Service »Rockterrine«.

Vor zehn Jahren begannen die beiden damit, Punkbands im Exhaus zu verköstigen. Schließlich kamen immer größere Produktionen dazu, ehe sie 2003 ihre eigene Firma gründeten und ein festes Gewerbe anmeldeten. Höhepunkt ihrer Aufträge war das Konzert von SIMPLY RED und der «Tag am See» vor knapp drei Wochen, wo sie mit ihrem Team, das nur aus Frauen besteht, 200 Personen versorgten.

Die Resonanz auf ihr Essen und ihren Service ist vorzüglich. Viele Künstler bedankten sich persönlich bei ihnen. Andreas Vollenweider habe ihnen gestanden, dass er aufgrund der Ansehnlichkeit der Speisen zum ersten Mal vor einem Konzert etwas aß, und Sasha begleitete die Damen nach seinem Auftritt im vergangenen Juli noch in die Luke.

Letzteres muss aber nicht unbedingt daran gelegen haben, dass es ihm so gut geschmeckt hat. «Wir kommen anscheinend sympathisch rüber», sagt Katrin Lauter so, dass es nicht mal nach Understatement klingt.

Im konventionellen Sinne gelernt, also in einer Ausbildung, hat keine der reizenden Damen die Nahrungszubereitung. «Das wurde uns in die Wiege gelegt», so Katrin, deren Oma ihre Passion entfachte. Die Gewürzspezialistin und Abteilungsleiterin «Soßen und Salate» kocht gerne mit wenig Zutaten und für viele Leute. Die Spezialität von Simone, die vier Jahre in Triers bestem Baguettebetrieb arbeitete und dort die Liebe zum Detail entdeckt habe, sind Suppen und Desserts. Leichte Kost mit mediterranem Einfluss ist das Hauptmerkmal der «Rockterrine». Den hübschen und sinnigen Namen trägt die Firma übrigens nur, weil «Jazzkantine» schon an eine einstige Musikkapelle vergeben war. (ck)

hunderttausend.de – von Christian Jöricke

E ERSTE TERRINE,

DER RIDER, MIT DEM DIE PLANUNG EINES KONZERTES BEGINNT.

96 Flaschen Bier (wenn möglich Stella/Amstel, sonst Becks oder ähnl.)

01 Flasche Jameson Irish Whiskey

01 Flasche Ketel One Vodka

01 Flasche Weisswein (Italian Pinot Grigio)

02 Flaschen Rotwein (Ravenswood Red Zinfandel Select + Sauvignon Blanc)

04 x 1l Schweppes Tonic Water zum mixen

02 x 1l Tropicana Orangensaft

39) CATERING AND DRESSING ROOM:
Please note that there are both vegetarians and persons that are allergic to meat in our party, all meat vegetable and fish produce should be separated and separate cutlery should be provided

- 1 x PACKET (20) MARLBORO ULTRA LIGHTS
- 1 x PACKET (20) CAMEL LIGHTS
- 1 x PACKET (20) CAMEL FILTERS
- 5 x BIC CIGA…

Sechzehn (16) warme Mahlzeiten, bevorzugt Fisch, Hünchen oder Pute, davon 4 vegetarisch und 2 Vegan mit vegetarischer Suppe vorab. Alternativ ein Buyout von € 20 pro Person.

[redacted] Nach dem Soundcheck gegen ca. 18.00 Uhr bzw. nach Absprache mit dem Tourmanager stellt der Veranstalter jedem Mitglied (ca. 26 Personen inkl. Support) eine warme, vollwertige Mahlzeit (Hauptspeise mit Beilagen wie Salat, Gemüse etc.) zur Verfügung. Kein Fast-Food, kein Take-away). Bitte denkt auch an die Vegetarier !!!

…stocher (wenn möglich aromatisiert)

Load-Out Sandwiches/Nachtlunch-Pakete:
Sandwiches, auch vegetarische Varianten, Obst und Snacks zum Mitnehmen.
Verpackt und transportierbar für 2 x 6 Personen (zwei Busse).

3 CASES BEER (BECKS, AMSTEL LIGHT, NEWCASTLE, BUD)
1 1/5 JACK DANIELS WHISKEY
1 1/5 KETTLE ONE VODKA
2 BOTTLES OF MERLOT

Vorspeise:	Heiße Suppe mit frischem Brot und Butter/Margarine.
Hauptgang:	ausgewogene heiße Mahlzeit mit Fleisch/Fisch und Gemüse, Salat
Dessert:	Apfel-Pastete (oder Beeren) mit Eis oder Sahne oder ähnliches Dessert
Getränke:	Wein, Bier, Softdrinks, Wasser, Tee und Kaffee etc.

!!!CONOR OBERST IST FISCHESSENDER VEGANER!!!

Die Sängerin [redacted] hat eine Roggen und Nuss Allergie (Gegen alle Nüsse, auch Kokos, Mandeln, Pistazien, Cashew). Wir bitten, das zu berücksichtigen. [redacted]

BITTE TRENNT VEGETARISCHES & NICHT VEGETARISCHES ESSEN

!! Bitte beachtet, dass die vegetarischen Sachen absolut getrennt vom Rest serviert werden.

Bitte komplett ohne Alkohol kochen!
Generell gilt: Bitte kein Fast- oder Junk-Food!

ZU BEACHTEN Bitte ausreichend Mundeis bereithalten !

mind. 1 Security den Backstage Bereich sichern!

Warme Mahlzeit für 12 Personen:
- 10 (zehn) Gerichte mit Fleisch (**wahlweise** Geflügel, Fisch).
- 2 (zwei) vegetarische Gerichte (Fisch **ist** auch möglich).

Bitte nicht vergessen: Besteck, Teller und Becher!

.WICHTIGE INFOS

Beim Einkauf darauf achten, Produkte OHNE Geschmacksverstärker zu kaufen; denn die gibt es in jedem Supermarkt.

TK – Tiefkühl-Terrinen-Tipp:
TK heißt nicht gleich weniger Vitamine. Denn das Obst oder Gemüse wird sofort nach der Ernte schockgefroren, so enthält es meist mehr Nährstoffe als Gemüse, das ewig im Laden liegt und keineswegs mehr den Stempel „frisch" verdient. Also ohne schlechtes Gewissen ruhig mal TK-Gemüse probieren!

Gerne Sekt oder Bier während der Zubereitung zu sich nehmen!

Abkürzungen:
Pk - Päckchen // S/P - Salz und Pfeffer // TL - Teelöffel // EL - Esslöffel

PUNK

BEATSTEAKS, MUFF POTTER, MILLENCOLIN, LAGWAGON, NO USE FOR A NAME

Muff Potter Vanillewaffeln
Nagel / Muff Potter Interview
Boy Sets Fire italienischer Brotsalat
Lagwagon Grünkernbratlinge mit Auberginenmousse
Gefüllte **Billy No Mates** Auberginen
Beatsteaks Schokobrunnen Galore
Arnim / Beatsteaks Interview
Millencolin Ricotta-Spinat-Gnocchi
No Use For A Name sommerlicher Tomaten-Gurken-Salat
Wizo 1001 Komponentensalat
Me First And The Gimme Gimmes Tobrache Maibu
Gefüllte **Leatherface** Zucchini
Rantanplan Champignon-Bernaise-Hühnchen
Itchy Poopzkid Mehlklöße mit homemade Apfelmus

MUFF POTTER
NAGEL

DESCENDENTS
SCENDENTS

MUFF POTTER VANILLEWAFFELN

ca. 8–10 Waffeln

250 g Mehl - 80 g Zucker - 125 g weiche Butter oder Margarine - 4 Eier - 1 Pk Backpulver - 1 Pk Bourbon Vanillezucker - 125 ml Milch - 2 EL Magerquark - Mark einer Vanilleschote

Das Mehl in eine Schüssel geben, Zucker, weiche Butter, Eier, Backpulver und Vanillezucker nach und nach dazugeben und anschließend mit einem Handrührgerät schlagen. Dann die Milch, den Quark und das Mark der Vanilleschote dazugeben und unterrühren.

Fertig ist der Teig. Waffeleisen vorheizen und mit Magarine oder öl bestreichen. Wenn das Waffeleisen heiß genug ist, ca. 2 EL Teig in die Mitte geben und warten bis ein angenehmer Duft die Nase steigt.

Gericht für weitere Bands zubereitet: Tomte, Ezio

INTERVIEW MIT NAGEL VON MUFF POTTER

❶ Kocht Ihr selber öfter mal zu Hause oder wird eher der Pizza-Service angerufen?
Ich würde ersteres gerne mit „ja" beantworten, aber es ist wohl doch eher selten. Seit ich in Berlin wohne noch seltener - man kann zu gut und zu günstig essen gehen in dieser Stadt. Wenn ich doch mal selbst koche, dann ziemlich einfach. Mal ein Salat, oder schnelles Zeug - oft sogar mit Unterstützung aus den Tüten der Familien Maggi oder Knorr. Also doch eher Banausenstyle.

❷ Was sind denn Deine Lieblingsgerichte?
Selbstgemacht: Pfannkuchen. Mit Apfelmus. Einfach, schnell und gut, der Ramones Song unter den Pfannengerichten sozusagen. Ansonsten Pasta, und natürlich geht eine (gute) Pizza immer.

❸ Welcher Song würde Dein Lieblingsessen musikalisch am besten unterstreichen?
Um bei den Ramones zu bleiben vielleicht: „I wanna live"? Ansonsten fällt es mir schwer, Essen und Musik in Verbindung zu bringen. Ich lese lieber beim Essen. Bei einem Buch von Paul Auster kann ich schon mal am Küchentisch sitzen bleiben, bis Töpfe und Weinflasche plötzlich leer sind. Bei der Nina-Simone-Autobiographie allerdings auch.

❹ Ganz wichtig natürlich: Wie hat Euch das Catering der Rockterrine gefallen und was war am besten? Wie war die Auswahl? Hat was gefehlt?
Außerordentlich gut, ehrlich wahr! Ein Kapitel meines Romans „Wo die wilden Maden graben" verdeutlicht das vielleicht am besten. Der Abschnitt ist zwar fiktiv, aber die Inspiration war definitiv ein Abend im Trierer Ex-Haus, bei dem die Rockterrine gekocht hat: ...was hier an Catering auffahren wird, ist der helle Wahnsinn. Es gibt so ziemlich alles an vegetarischem Essen, was ich mir vorstellen kann: Gefüllte Paprika, eingelegte Auberginen, Brotsalat, Couscous, Spaghetti, Reis, Gemüse, Sossen, Brot, Antipasti... („Wo die wilden Maden graben", seite 47 ff).

❺ Könntet Ihr Euch auch vorstellen, die Rockterrine mit auf Tour zu nehmen?
Nein, das wäre finanziell und personell wohl zu aufwendig für eine kleine Band wie uns.

❻ Habt Ihr schon öfter mal „böse" Überraschungen auf Tour erlebt, bezüglich des Caterings?
Auf jeden Fall. Da sind natürlich die „Klassiker", wie zerkochte Nudeln, Reis mit Scheiß usw. in einem ranzigen Squat kam mal eine Made aus dem Salat gekrochen - ein herrliches Klischee, wir mussten lachen.
Schade finde ich immer, wenn Vegetarier/Veganer mit Beilagen abgespeist werden. oder ums anders zu sagen: super ist, wenn das Catering sich Mühe mit den fleischlosen Gerichten gibt. Wobei ich ja auch gerne Kroketten mit Ketchup esse... Meistens ist das Abendessen aber schon recht gut, viele Veranstalter/Catering-Services geben sich wirklich Mühe. Ich glaube, dass nicht wenige in unserem Tourtross unterwegs besser essen als zu Hause.

BOY SETS FIRE
ITALIENISCHER BROTSALAT

VEGETARISCH

8 PERSONEN

1 kg Strauchtomaten - 4 Pk Mozzarella - 2 Zwiebeln
1 Bund Basilikum - 1 Glas eingelegte getrocknete Tomaten
Bunt italienische Kräuter - 500 g Rucola - 1 kleiner Radicchio
Dressing: 200 ml Olivenöl - 50 ml Balsamicoessig - S/P
Zucker/Honig - ein Spritzer Zitrone
Croutons: 1 Ciabatta zum Aufbacken

Das Ciabatta in kleine Würfel schneiden und in eine Auflaufform geben. Diese dann reichlich mit Olivenöl beträufeln und mit Salz, Pfeffer und italienischen Kräutern würzen. Dann bei 180° C ca. 20 Min goldbraun und knusprig backen. Tomaten, Mozzarella, Zwiebeln, Basilikum und eingelegte Tomaten klein schneiden und in eine Schüssel geben. Rucola waschen (gegebenenfalls die Stiele abschneiden), Radicchio ebenfalls waschen und in Streifen schneiden und beides dazugeben. Das Dressing darüber verteilen und alles vermischen. Zum Schluss die Croutons drüberstreuen und servieren.

Terrinen-Tipp: Das Öl von den getrockneten Tomaten mit zum Dressing geben.

Gericht für weitere Bands zubereitet: Toto, The Faint

LAGWAGON GRÜNKERNBRATLINGE MIT AUBERGINENMOUSSE

VEGETARISCH

4 PERSONEN

200 g Grünkernschrot - 1 EL Gemüsebrühe - 2 Vollkornbrötchen - 2 Eier - 1 Möhre - 1 Gemüsezwiebel - frischer Basilikum - 1 Bund Lauchzwiebeln - 1 TL Dill-Senf - S/P - 2 kleine Auberginen - 1 kleine Zucchini - 2 Knobi-Zehen - 1 EL Honig - 2 EL Rotwein oder Balsamicoessig

Grünkern in 300 ml kochendem Wasser ca. 1h quellen lassen und mit einem EL Gemüsebrühe würzen. Bei Bedarf Wasser nachschütten, wenn die Masse zu fest und zu trocken ist. Währenddessen Auberginen in dicke Scheiben schneiden, salzen und auf ein Stück Küchenrolle zum abtropfen legen. Nach ca. 1 h Eier, geraspelte Möhren, Zwiebeln, Lauchzwiebeln, Senf und S/P zur Grünkernmasse dazu geben. Gut mischen bis eine relativ formbare Masse entsteht. Die Auberginen und Zucchini in kleine Würfel schneiden, mit Knobi und Honig und der Zucchini in Öl anbraten, mit Rotwein oder Balsamicoessig ablöschen. Anschließend kurz pürieren. Die Bratlings-Masse beliebig formen und in die heiße Pfanne legen. Bei hoher Stufe kurz scharf anbraten und ca. 8 Min bei schwacher Hitze weiter brutzeln lassen. Zusammen mit dem Auberginenmousse servieren. Lauchzwiebeln und Basilikum können gerne als Dekoration genommen werden.

Gericht für weitere Bands zubereitet: Me First And The Gimme Gimmes

GEFÜLLTE BILLY NO MATES AUBERGINEN

4 PERSONEN

2 Auberginen - 500 g Rinderhackfleisch - 1 große Zwiebel
200 g Feta - 150 g Mozzarella - 100 g Basmatireis
100 g braune Linsen - 150-200 ml passierte Tomaten - S/P
Zimt - 1-2 Knoblauchzehen - frische Petersilie

Die Auberginen waschen und längs halbieren. Die jeweiligen Hälften mit einem Esslöffel aushöhlen und für ca. 3 Min in kochendem Wasser mit etwas Gemüsebrühe blanchieren. Eine große Zwiebel und die Knoblauchzehen hacken und gemeinsam mit etwas Olivenöl anbraten. Das Hackfleisch dazugeben und mit Salz, Pfeffer und einem Teelöffel Zimt würzen. Das Ganze anbraten, den gewürfelten Feta und frische Petersilie dazugeben und von der Kochplatte nehmen. Separat dazu den Reis und die Linsen kochen. Die Linsen in einem kleinen Topf mit ca. 500 ml Wasser und Gemüsebrühe ca. 15-20 Min kochen. Den Reis, die Linsen und 50 ml passierte Tomaten unter die Hackfleischmasse mischen. Diese dann in die ausgehöhlten Auberginenhälften füllen und mit Mozzarella bedecken. In eine Auflaufform die restlichen passierten Tomaten geben, je nach Belieben salzen und pfeffern, und anschließend die gefüllten Auberginen hineinlegen. Das Ganze 25-30 Min bei 180° C überbacken.

Gericht für weitere Bands zubereitet: Kool Savas

BILLY NO MATES

DUNCAN REDMONDS

BEATSTEAKS SCHOKOBRUNNEN GALORE

MIT FRÜCHTEN AM SPIESS

6 PERSONEN

1,5 kg dunkle und helle Schokolade - 200 ml neutrales Öl - 8 exotische Früchte (Mango, Sternfrucht, Ananas, Banane, Feige, Papaya, Physalis, Melone) - 1 Zitrone - 1 Schokoladenbrunnen - Holzspieße

Schokoladenbrunnen anschließen und Schokolade nach und nach erhitzen. Obst klein schneiden und mit Zitrone beträufeln, damit das Obst nicht dunkel wird. Obst in kleine Stücke schneiden, auf die Spieße packen, warten, bis die Schoki geschmolzen ist und den Brunnen fertig zusammenbauen. VOILÀ!!!

Terrinen-Tipp: Das Ganze geht auch hervorragend mit weißer Schokolade. Sieht toll aus und schmeckt toll. Aber Achtung, bitte keine Schokolade mit Nüssen verwenden.

Gericht für weitere Bands zubereitet: Itchy Poopzkid, Die Happy, Muff Potter

BEATSTEAKS

INTERVIEW MIT ARNIM VON DEN BEATSTEAKS

1 Kocht Ihr selber öfter mal zu Hause oder wird eher der Pizza-Service angerufen?
Peter, Thorsten und Thomas kochen selber! Ich eher nicht so, ich gehe lieber essen.

2 Die anderen kochen also meist selber, ist das dann eher etwas ausgefallener oder bleibt es bei Nudeln mit Tomatensauce?
Thorsten kocht ganz gerne Pasta und Peter isst sehr gerne Fisch.

3 Was sind denn Deine Lieblingsgerichte?
Kassler mit Rotkohl und Klößen!
Hackfleischspieße in Joghurtsauce, das esse ich immer in dem türkischem Restaurant „HASIR" in Berlin.

4 Welcher Song würde Dein Lieblingsessen musikalisch am Besten unterstreichen?
Beim Essen höre ich eigentlich nicht so gerne Musik, ich bin dann abgelenkt, da würde ich mich eher auf die gespielten Akkorde konzentrieren und nicht meinem Gesprächspartner aufmerksam zuhören.

5 Ganz wichtig natürlich: Wie hat Euch das Catering der Rockterrine gefallen und was war am besten? Wie war die Auswahl? Hat was gefehlt?
Nee, es hat mir an nichts gefehlt, es war alles sehr lecker. Der Italienische Salat, die Kartoffeln, der Fisch und vor allem der Schokobrunnen - der hat uns alle begeistert.

6 Was war denn gar nicht Euer Geschmack?
Es war alles sehr lecker, und die anderen haben auch nichts zu meckern gehabt.

7 Habt Ihr schon einmal eine Catering-Firma mit auf Tour genommen? Wenn ja: Wie war das so? Wart Ihr zufrieden?
Ja, Hellskitchen aus Berlin, die kennen wir ganz gut.

8 Könntet Ihr Euch auch vorstellen, die Rockterrine mit auf Tour zu nehmen?
Klar, sofort!!! Wenn es nicht Hellskitchen geben würde, dann sofort.

MILLENCOLIN RICOTTA-SPINAT GNOCCHIS

VEGETARISCH

4 PERSONEN

600 g (frische) Gnocchis - 250 g Blattspinat - 150 g Ricotta
100 ml Sahne - 50 g frischen Parmesan - 1 Zwiebel
1 Knoblauchzehe - 3 EL Olivenöl - S/P - Muskat

Die Zwiebel in kleine Würfel schneiden und in 1 EL Olivenöl anbraten. Den Blattspinat hinzugeben und mit einer Prise Salz, (großzügig) Pfeffer und frischen Muskat würzen. Schließlich die Sahne und eine gehackte Knoblauchzehe hinzugeben und kurz aufkochen. Den Ricotta gemeinsam mit dem frisch geriebenen Parmesan und einer Prise Zucker untermischen.

Die Gnocchis werden in der Zwischenzeit in einem Topf mit heißem Wasser, 2 EL Olivenöl und Salz gegart und abgegossen. Die fertigen Gnocchis mit der Sauce vermengen und fertig!

Terrinen-Tipp: Dazu empfehlen wir das Lachsfilet

LACHSFILET

4 PERSONEN

4 frische Lachsfilets mit Haut - 1 Zitrone - S/P - Pflanzenöl - frischer Dill

Die Lachsfilets salzen, pfeffern und mit etwas frischem Zitronensaft beträufeln.

Pflanzenöl in einer Pfanne erhitzen und den Lachs mit der Hautseite in die Pfanne geben.

Bei mittlerer Hitze ca. 5 Min braten, die Filets wenden und noch einmal ca. 3 Min braten. Die Pfanne von der Hitze nehmen und mit einem Deckel abdecken. Die Fischfilets ca. 3 Min ziehen lassen und zum Servieren mit frischem Dill versehen.

NO USE FOR A NAME SOMMERLICHER TOMATEN-GURKEN-SALAT

MIT ZITRONENDRESSING

4 PERSONEN

1 Salatgurke - 4-5 Tomaten - 1 große Zwiebel - 4 Zitronen 4-6 EL Olivenöl - nach Belieben eine Packung Feta - 1/2 Bund Petersilie - S/P - Zucker

Eine Zwiebel möglichst fein hacken. Die Salatgurke und Tomaten waschen und ebenfalls fein würfeln.
Für das Dressing 4 frische Zitronen auspressen und mit dem Öl verrühren. Petersilie fein hacken und zum Dressing geben, danach unter den Salat rühren. Das Ganze großzügig salzen, pfeffern und zuckern. Nach Belieben fein gewürfelten Feta hinzugeben.

Terrinen-Tipp: Dieser Salat eignet sich super als Beilage an heißen Sommertagen, da Gurken und Tomaten viel wasser enthalten und den Körper so zusätzlich wasser zufügen.

WIZO 1001 KOMPONENTENSALAT

VEGETARISCH

4-5 PERSONEN

1 Kopfsalat - 1 Radicchio - 100 g Rucola - 8 frische Feigen - 1 Granatapfel - 1 1/2 Grapefruit - 2 Orangen - 1 Zitrone - 2 Tomaten - 150 g Schafskäse - 100 g Pinienkerne - 2 EL Olivenöl - 1 El Walnussöl - 1/2 Teelöffel süßer Senf - S/P - Zucker

Für das Dressing 2 Orangen, 1 Zitrone und eine halbe Grapefruit auspressen.
Zusammen mit den Ölen und dem Senf vermengen. Anschließend den Granatapfel schälen und die eine Hälfte der Kerne zu dem Dressing geben;
das Ganze pürieren und mit Salz, Pfeffer und einer Prise Zucker abschmecken.

Die verschiedenen Salate gründlich putzen. Den Kopfsalat in mundgerechte Stücke zupfen, Radicchio klein schneiden. Am besten verteilt man die drei Salate schon auf die Teller, gibt das Dressing hinzu und garniert die restlichen Zutaten darauf. Die Tomaten achteln, die Feigen vierteln und die andere Hälfte der Granatapfelkerne über den Salat verteilen. Eine Grapefruit filetieren und zusammen mit dem gewürfelten Schafskäse ebenfalls zu dem Salat geben. Als letzter Schritt die Pinienkerne rösten und über den 1001 Komponentensalat verteilen.

Terrinen-Tipp: Der Salat passt super zu den in Sesam panierten Hühnchenfilets.

ME FIRST AND THE GIMME GIMMES TOBRACHE MAIBU

VEGETARISCH

TO (TOAST) - BRA (BRATLING) - CHE (CHEDDAs) - MAI (MAIS) - BU (BURGER)

4 PERSONEN

4 Toasties - Grundmasse für Grünkernbratlingen (Rezept s. Seite 27) - 4 Eier - 100 g Cheddar - 1 Mozzarella - 2 Dosen Mais - 2 Zwiebeln - Bund Blattpetersilie - Öl (Basilikum) - S/P 1 TL Rosenpaprika - 4 EL Ketchup - 4 TL Honigsenf

Zwiebeln mit dem abgeschütteten Mais in Öl anbraten. S/P und Rosenpaprika dazugeben. Masse der Grünkernbratlinge in einer Schüssel mit geriebenem Cheddar und in Würfel geschnittenem Mozzarella bestreuen. Zwiebeln und Mais dazugeben. Aus der Masse Bratlinge formen und in Butter oder Öl anbraten. Danach Spiegeleier braten und Toasties in den Toaster. Die Hälften der Toasties mit Ketchup und Senf bestreichen. Bratling mit einem Spiegelei und Blattpetersilie auf eine Hälfte des Bratlings legen und die andere Hälfte oben drauf.

Bon Appetit!

TIPP: Damit das „Gelbe vom Ei„ nicht zerläuft, dass Spiegelei von beiden seiten anbraten.

BEST FUCKIN FOOD I'VE EVER HAD IN GERMANY,
FAT MIKE

GEFÜLLTE LEATHERFACE ZUCCHINI

VEGETARISCH

4 PERSONEN

4 mittelgroße Zucchini - 3 Möhren - 2 mittelgroße Kartoffeln
2 Tomaten - 1 große Zwiebel - 6-8 Champignons
1 Knoblauchzehe - frischer Dill - Schuss Weißwein
200 g rote Linsen - 200 g Crème fraîche - 200 g Gouda
3 EL Olivenöl - S/P - Zucker - Muskat

Die Zucchini waschen, köpfen und längs halbieren. Diese dann für ca. 3 Min in kochendem Wasser mit Gemüsebrühe blanchieren.
Die roten Linsen in 750 ml Wasser und Gemüsebrühe für ca. 20 Min. kochen. Nach 10 Min die Kartoffeln schälen, klein würfeln und zu den Linsen geben.
Eine Pfanne mit Olivenöl erhitzen und eine gewürfelte Zwiebel anbraten. Klein gewürfelte Champignons hinzugeben und mit einer gepressten Knoblauchzehe anbraten. Möhren schälen und zum Gemüse hineinraspeln. Das Ganze mit Salz, Pfeffer, einer Prise Zucker und frisch geriebenem Muskat abschmecken. Crème fraîche, einen Schuss Weißwein und den frischen Dill hinzugeben. Kurz aufkochen und dann von der Kochstelle nehmen. Die Tomaten würfeln und mit den gekochten Linsen und Kartoffeln unter die Masse mischen. Diese dann in die Zucchinihälften füllen und mit Goudakäse bedecken.
Bei 170° C und 25 Min im Ofen backen.

Gericht für weitere Bands zubereitet: A Death In The Family

Anekdote: Als Leatherface bekocht wurden, erklärten wir dem Sänger (Frankie Stubbs) wir würden einige ungewöhnliche Gerichte kochen und er solle doch, wenn es ihm nichts ausmache, von allem probieren. Er versprach, das zu tun, und als wir dann beim Essen waren, kam er und meinte, normalerweise rühre er Essen, das er nicht kenne, gar nicht erst an. Oft würde er vor Konzerten gar nichts vom Catering essen, weil es ihn nicht anspreche. Die Zucchini jedenfalls seien das beste Essen „of all tour, ever!". Danke, Frankie! Nun sind das die berühmten, gefüllten Leatherface Zucchini.

RANTANPLAN CHAMPIGNON-BERNAISE-HÜHNCHEN

4 PERSONEN

4 Hühnerfilets - 200 ml Sahne - 100 ml Sauce Bernaise - 200 g Champignons - 50 g frischer Dill - 1/4 Bund frische Petersilie - 2 Knoblauchzehen - S/P - Zucker - Olivenöl

Die Hühnerfilets salzen, pfeffern und in einer Pfanne mit Olivenöl bei geringer Hitze braten.
Die Champignons in Scheiben schneiden und in einem Topf mit Olivenöl braten. Anschließend die Sahne und fertige Sauce Bernaise hinzugeben; die Knoblauchzehen hacken und ebenfalls hinzugeben und das Ganze kurz aufkochen lassen. Mit einer Prise Salz, Pfeffer und Zucker abschmecken und die frisch gehackten Kräuter untermischen. Bei mittlerer Hitze köcheln.
Die Sauce über die gebratenen Hühnerfilets geben, etwas frische Petersilie darüber und fertig.
Als passende Beilage eignet sich der **Safran Rise And Fall Basmatireis (Rezept s. Seite 83).**

ITCHY POOPZKID
MEHLKLÖSSE MIT HOMEMADE APFELMUS

VEGETARISCH

4 PERSONEN

2 EL Butter - 1 TL Salz - 2 TL Zucker - 3 Eier - 1/4 l Milch - 500 g Mehl - 1 TL Backpulver - 8 Äpfel (z.B. Braeburn) - 1 Zimtstange

Mehl, Butter, Eier, Backpulver, Salz, Zucker und Milch in eine Schüssel geben und mit einem Mixer rühren, bis der Teig Blasen wirft. Der Teig ist recht flüssig (das ist so normal). Abschmecken, ob noch Salz oder Zucker fehlt und danach mit einem nassen Esslöffel aus dem Teig Klöße formen. Diese dann vorsichtig15 Min in siedendem Wasser garen. Mit einem Sieb herausnehmen und mit Apfelmus servieren.

Homemade Apfelmus: Äpfel schälen und in kleine Stücke schneiden und in einen Topf geben. Das ganze kurz aufkochen und dann zusammen mit der Zimtstange köcheln, bis ein Mus entsteht. Schon fertig, und sooo lecker.

Terrinen-Tipp: Mehlklöße können auch mit Quark zubereitet werden, d.h. zum Teig noch 200 g Quark dazugeben. Ist der Teig zu feucht, etwas Mehl dazugeben.
Und dann mit zerlassener Butter übergießen. Hmmm!

Vielen Dank an Oma Janni!

Ja wie fett ist das denn?!?! Wahnsinn!!!
Ich freu mich grade noch viel mehr drüber, dass ich endlich
das Rezept zu dem Essen von Trier habe,
weil das war das Tour Highlight!!
Tausend Dank, SIBBI POOPZKID

ROCK

SPORTFREUNDE STILLER, BELA B., WIR SIND HELDEN, BILLY TALENT, NIKOLA SARCEVIC

Pikante **Billy Talent** Chickenwings
Former Cell Mates Joghurt-Safranhühnchen
Voo Rahmwokgemüse
Revolverheld Linsenburger
Monochrome Beerentiramisu
Burritos **In Extremo**
The Weakerthans Blätterteigtaschen
Favez Brokkolikuchen mit Dinkelteig
Schandmaul Bananen-Toffee-Traum
Exotischer **Tomte** Obstsalat
Bela B. Zucchinikuchen
Kettcar Erdbeer-Radieschen-Schafskäse-Salat
A Death Auberginenauflauf **In The Family**
Sugarplum Fairy Feta-Curry-Canapées
Wir sind spicy Bandnudelsalat **Helden**
I Knew It: Kuss-Kuss-Salat **Hurray!**
Subway To Sally Lachstatar
28 costumes Dreierlei gefüllte Kartoffeln
Kevin Devines gefüllte Champignons
Sportfreunde Stiller Rotkrautsalat
Nikola Sarcevic Tomatenbutter
Kill the young Pangasius-Filet in feiner Marinade
New französische **Model Army** Kartoffelsuppe
Monster Magnet Safran-Basmatireis
Die Happy Salat mit gebackenem Ziegenkäse und Feigen
Bakkushan Räucherlachs-Dillsauce
Pale Kartoffel-Dressing mit Feldsalat

BILLY TALENT
BEN KOWALEWICZ

PIKANTE BILLY TALENT CHICKEN WINGS

PIKANT MARINIERT

4 PERSONEN

16 frische (von glücklichen Hühnern stammende) Chicken Wings natur - 2 frische Chilischoten - 2 EL Sweet-Chili-Soße - 1 Zitrone - S/P - 1 EL Curry - 1 EL Paprikagewürz - 3 Paprika (rot, gelb, grün) - 1 rote Zwiebel - 1 TL Piment - 100 ml scharfes Öl (z.B. Chili-Öl) - 1 TL Thymian-Senf

Chickenwings in einer Schüssel mit den Gewürzen, Senf und Chili-Soße zusammenfügen. Zitrone, Paprika, Zwiebeln und Chilischoten in Scheiben schneiden, zu dem Rest geben und gut vermischen, so dass eine dicke Marinade um das Hähnchen entsteht. Etwa zwei bis drei Stunden kühl stellen und dann in eine Auflaufform legen. Im Backofen bei 180° C Umluft, auf der mittleren Schiene 30 Min knusprig backen. Zwischendurch scharfes Öl auf die Chicken Wings träufeln.

Gericht für weitere Bands zubereitet: Methodman & Redman

·BILLY TALENT·
OCT/07/2006
THANKS FOR THE GREAT FOOD!
Aaron
BT-
YUM!

FORMER CELL MATES

DAVEY BURDON

FORMER CELL MATES JOGHURT -SAFRANHÜHNCHEN

4 PERSONEN

4 Hühnerfilets oder auch Hähnchenschenkel - 200 g Joghurt 1/2 g Safran - S/P

Den Safran mit einem Mörser zermahlen und in eine Schüssel geben. 10 EL kochend heißes Wasser hinzugeben und mit einer Gabel verrühren. Anschließend den Joghurt in die Schüssel geben, das Ganze salzen und pfeffern und wieder verrühren. Die Hühnerfilets bzw. Hühnerschenkel nun auch in die Schüssel geben und einmarinieren.
Die Hühnerfilets bzw. Hühnerschenkel werden nun mitsamt dem Joghurt in eine Auflaufform gegeben und in einem vorgeheizten Ofen bei 200° C gegart.
Die Hühnerfilets benötigen ungefähr 30 -35 Min; die Hühnerschenkel benötigen je nach Größe ungefähr 45 Min.

Gericht für weitere Bands zubereitet: Nouvelle Vague

VOO RAHMWOKGEMÜSE

VEGETARISCH

4 PERSONEN

250 g Zuckererbsen - 4 Möhren - 2 orange Paprika - 1 rote Paprika - 100 g getrocknete Tomaten - 1 Maiskolben - 1 Gemüsezwiebel - 2 EL Öl - Currypaste - 150 ml Kokosnussmilch - Kurkuma - Chilipulver - Currypulver - S/P

Die Zuckererbsen und die Paprika waschen. Die Möhren schälen und schräg in Scheiben schneiden. Die Paprika entkernen und in Streifen schneiden. Die getrockneten Tomaten und die Gemüsezwiebel klein schneiden. Den Maiskolben in kochendes Wasser legen und 10 Min kochen lassen, anschließend in 1 cm dicke Stücke schneiden.
Das Öl in einem Wok erhitzen und das Gemüse darin scharf anbraten und mit geschlossenem Deckel so lange garen bis es weich ist. Etwas Currypaste und die Kokosnussmilch dazugeben und verrühren. Mit den Gewürzen abschmecken.

Gericht für weitere Bands zubereitet: Seeed, Simply Red

REVOLVERHELD LINSENBURGER

VEGETARISCH

4 PERSONEN

300 g rote Berglinsen - 900 ml Wasser - 1 rote Zwiebel 1 Knobi-Zehe - 2 Möhren - 1 Prise Cayenne Pfeffer - S/P jeweils 1 Prise Cumin und Kurkuma - 1 Schuss dunkler Balsamico - 1 EL Gemüsebühe - 2 Vollkorntoasts - 1 Ei - glatte Petersilie - ungehärtetes Kokosfett

Linsen im Wasser aufkochen und ca. 15 Min köcheln lassen; aber bitte aufpassen, die Linsen dürfen auf keinen Fall zu weich werden!! (Wer Zeit hat, kann vorher die Linsen ca. 4 h einweichen).

Eine Prise Salz und Pfeffer dazu, Cumin und Kurkuma plus Cayenne Pfeffer dazugeben.

Zwiebel in feine Würfel schneiden, Knobi dazu, und die Möhre fein raspeln und ebenso dazu geben. Das Ganze zusammen mit der Linsenmasse in eine Schüssel geben, Ei und Toastbrot (in kleine Stückchen zerbröseln) und Petersilie untermischen, mit Balsamico und Gemüsebrühe abschmecken. Kokosfett in einer Pfanne erhitzen und aus der Linsenmasse kleine Plätzchen formen und in die Pfanne legen, so dass sie im Fett schwimmen. Goldbraun ausbacken und fertig!

Terrinen-Tipp: Dazu passen sehr gut gebackene Kartoffelecken aus dem Ofen oder Gemüse in Bierteig.

MONOCHROME BEERENTIRAMISU

6 PERSONEN

750 g gefrorene Beerenmischung - 1 Wiener heller Tortenboden - 6 EL Waldfruchtmarmelade - 400 ml Schlagsahne - 500 ml gekochter Vanillepudding - 6 EL Johannisbeersaft - 2 Pk Bourbon Vanillezucker - geraspelte Schokolade

Die angetaute Beerenmischung in einer Schüssel mit dem Vanillezucker vermischen. Den Vanillepudding kochen und abkühlen lassen. Den Tortenboden in kleine Würfel schneiden und zuerst den Boden einer Glasschüssel damit bedecken. Dann 3 EL von der Waldfruchtmarmelade darauf verteilen und mit 3 EL Johannisbeersaft beträufeln. Dann eine Schicht der Beerenmischung drüber geben und die Hälfte des Vanillepuddings. Die Schlagsahne steif schlagen und die Hälfte über die Beeren geben. Anschließend wieder mit einer Schicht Tortenbodenwürfel anfangen und dann die Waldfruchtmarmelade und den Johannisbeersaft darauf verteilen. Dann den Rest der Beerenmischung, den Vanillepudding und die Schlagsahne schichtweise darüber verteilen. Auf die Schlagsahne dann die geraspelte Schokolade streuen und bis zum Verzehr kühl stellen.

Gericht für weitere Bands zubereitet: Weakerthans, Favez

BURRITOS IN EXTREMO

VEGETARISCH

8 PERSONEN

8 Burrito-Fladen (Maisfladen) - 2 Dosen Mais - 2 Dosen Kidney-Bohnen - Tabasco (nach Belieben) - Messerspitze Cumin (Kreuzkümmel) - 1 TL Kurkuma - 1 Stengel Koriander - 2 Knobi-Zehen - S/P - 100g Cheddar - 2 Zwiebeln - Öl (Chili) - Kräuterbutter

Mais, Kidneybohnen, Gewürze, Knobi und 1 Stengel zerhackter Koriander zusammen in eine Schüssel geben. Verrühren und pürieren. Mit Tabasco je nach Belieben Schärfe hinzufügen und mit Salz und Pfeffer würzen. Zwiebeln in Chili-Öl anbraten und zur Masse hinzufügen. Fladen zurechtlegen und mit Öl oder Kräuterbutter bestreichen. Das untere Ende des Fladens mit ca. 3-4 EL der Masse bestreichen und vorsichtig zusammenrollen. Die fertig gerollten Fladen auf ein Backblech legen und mit geriebenem Cheddar bestreuen. Ca. 10-15 Min in den vorgeheizten Ofen bei 180° C backen.

BURRITOS VARIANTE À LA SPINAT

VEGETARISCH

Lecker schmecken die Burritos auch mit einer Spinatfüllung.

Für die Füllung:

800 g Blattspinat (natürlich am besten frisch) - 3 Tomaten Öl (Bärlauch) - 2 Spitzen Muskatnuss - S/P - 1 TL Zucker 2 Knobi-Zehen - 100 ml Sojasahne (schmeckt dann nussiger)

Das Ganze (siehe rechts) in die Burritos füllen.

Der Clou: Die Burritos anstatt in den Ofen in der Pfanne mit Öl ca. 4 Min von jeder Seite goldbraun anbraten. So bekommen die Burritos eine pfannkuchenähnliche Konsistenz.

Küsschen für's phantastische Catering!

Kommt ihr das nächste Mal mit auf Tour?

In Extremo

Wie alles begann (das ist ein Rezept, das wir so vor 10 Jahren immer gerne gekocht haben z.B. für But Alive, Weakerthans, Rantanplan, etc.)

THE WEAKERTHANS BLÄTTERTEIG-TASCHEN

MIT SPINAT UND FETA // VEGETARISCH

8 PERSONEN

3 Zwiebeln - 1 Knobi-Zehe - Olivenöl - 3 Pk TK Spinat oder 1 kg frischer Spinat - 2 Feta - 2 Eier - 8 Platten TK Blätterteig - S/P - Muskat

Zwiebeln mit dem Knobi in einer heißen Pfanne kurz anbraten und anschließend den gründlich gewaschenen Spinat dazugeben. Mit Salz, Peffer und Muskat würzen. Den angetauten Blätterteig in kleine Dreiecke schneiden. Die Spinatmasse, den Feta und den Gorgonzola in eine Schüssel geben und gut mischen. Danachdie Masse auf den Blätterteig geben und kleine Taschen formen (siehe Foto).
Wichtig: zum Schluss mit Eigelb bestreichen, sonst wird der Teig sehr trocken. Das Ganze 20 bis 25 Min in den Ofen bei 180° C Umluft.

Terrinen-Tipp: Wer kein Ei hat oder es nicht verträgt, der kann auch Dosenmilch verwenden, geht auch!

Info: Spinat nach dem Zubereiten am besten rasch kalt stellen. Jedoch keine Angst, bis sich das in Spinat enthaltene Nitrat in giftiges Nitrit umwandelt, dauert lange und meist sind die leckeren Spinattaschen dann schon aufgegessen. Meist befindet sich in der TK-Spinat-Variante an sich schon so wenig Nitrat, so dass man keine Bedenken haben muss.

FAVEZ BROKKOLI KUCHEN MIT DINKELTEIG

VEGAN / VEGETARISCH

6 PERSONEN

500 g Dinkelmehl - 250 ml Milch/Sojamilch - 2 Eier (vegane Variante: Eier einfach weg lassen, macht dem Teig nichts) - 1 Pk Trockenhefe - 1 TL Gemüsebrühe - Rapsöl - 2 Brokkoli - 2 rote Zwiebeln - Knobi - ein Schuss Pflaumenwein oder Rotwein Feta - 1 Pk geriebener Gouda oder ein Sojakäse - Mandelscheiben - S/P - 1 TL Thymian - 2 TL Gemüsebrühe - 1 TL Zucker - 25 g frische Hefe

Mehl, Milch (**Terrinen-Tipp:** Milch lauwarm verarbeiten) Eier und Hefe zu einem Teig verrühren, mit S/P, Thymian und Zucker würzen. Ca. eine halbe Stunde gehen lassen. Brokkoli dünsten und währenddessen Zwiebeln und Knobi anbraten. Mit Gemüsebrühe und Pflaumenwein ablöschen und den fertigen Brokkoli kurz mit in die Pfanne geben.
Bevor der Teig ausgerollt wird, bitte eine handvoll Teig übriglassen und daraus eine lange Rolle formen. Diese Rolle wird als Rand für den Kuchen verwendet.
Den Teig ausrollen und in eine Kuchenform legen, und mit ein wenig Öl bestreichen. Mandelscheiben kurz anrösten (ohne Fett). Die Brokkoli-Masse auf den ausgerollten Teig geben. Gouda, Feta (mit den Fingern zerbröseln) oder Käseersatz und Mandeln drüber streuen. Nochmals mit S/P würzen. 40 Min bei 180° C Umluft in den Ofen.

Anekdote: Als wir mal für „The Roots" gekocht haben, stand auf dem Catering-Rider „Sojakäse. Very important!" Leider wurde er nicht angerührt und wir konnten den guten teuren Käse nach zehnstündigem Aufenthalt auf dem Buffet entsorgen.

Gericht für weitere Bands zubereitet: Propagandhi, Kettcar

Terrinen-Tipp: Statt dem teuren Sojakäse, gibt es ein tolles Rezept für Käseersatz.

Hefeschmalz: 1 Tasse Speisehefeflocken - 1/3 Tasse Mehl - Salz - 2 Tassen Wasser - 1/4 Tasse Margarine - Knobi - 2 TL Senf

Zutaten mischen und in einer Pfanne unter Rühren das Wasser dazugeben und zu einer Crème verrühren. Nachdem die Créme gekocht hat, Margarine und Senf hinzufügen. Diese Paste kann man herrlich als Käseersatz für Lasagne oder andere Aufläufe benutzen.

SCHANDMAUL BANANEN TOFFEE TRAUM

2 Pk amerikanische Cookies - 125 g Butter - 1 Dose gesüßte Kondensmilch - 3 Bananen - 400 ml Schlagsahne - 2 PK Bourbon Vanillezucker

Die Büchse Dosenmilch geschlossen in kochendes Wasser geben und ca. 2h kochen. Die Cookies in einer Tüte mit einem Nudelholz zu kleinen Bröseln verarbeiten. Die Butter in einem Topf schmelzen und mit den Bröseln in einer Schüssel vermischen. In einer weiteren Schüssel das Gemisch am Boden festdrücken. Nachdem die Dosenmilch ca. 2h gekocht hat, aus dem Wasser nehmen und die Dose öffnen. Das entstandene Toffee über den Cookie-Boden geben. Die Bananen in Scheiben schneiden und über dem Toffee verteilen. Die Sahne mit dem Vanillezucker steif schlagen und gleichmäßig Bananenscheiben bedecken.

Terrinen-Tipp: Über die Sahne kann man zusätzlich noch Schokoladenstreusel oder Krokant verteilen, sieht schön aus.

EXOTISCHER TOMTE OBSTSALAT

MIT VANILLECRÈME

1 Papaya - 1 Passionsfrucht - 1 Ananas - 2 Kiwis - 1 Mango - 2 Bananen - 1 Zitrone - 1 Sternfrucht - 4 Eiweiß - 250 g Vanillejoghurt - 1 Pk Vanillepuddingpulver - 500 ml Milch - geraspelte Schokolade

Die Früchte schälen und in feine Stücke schneiden, mit Zitronensaft beträufeln, damit sie nicht braun werden. Das Eiweiß von dem Eigelb trennen und steif schlagen. Den Vanillepudding nach Packungsanleitung mit 500 ml Milch und Zucker zubereiten. Abkühlen lassen und mit dem Vanillejoghurt vermischen. Zum Schluss das geschlagene Eiweiß unterheben. Das geschnittene Obst zusammen mit der Vanillecrème in eine Glasschale geben und mit geraspelter Schokolade und Sternfrucht garnieren.

Gericht für weitere Bands zubereitet: PUR

BELA B. ZUCCHINIKUCHEN

VEGETARISCH

6 PERSONEN

1 kg Zucchini - 5 Eier - 4 EL Mehl - 400 ml Sahne - geriebene Muskatnuss - frische Petersilie - 1 Zwiebel - 2 Mozzarella 200 g geriebenen Gouda - S/P

Die Zucchini waschen und mit einer Reibe in Stifte raspeln. Die Eier mit dem Mehl und der Sahne verquirlen. Mit Muskatnuss, Salz und Pfeffer würzen. Die Petersilie und die Zwiebel klein hacken und dazugeben. Die Zucchinistifte in eine gefettete Auflaufform oder Kuchenform geben und die Eier-Sahne-Masse darüber geben. Zum Schluss den Mozzarella und den Gouda drüberstreuen. Bei 180° C ca. 45 Min backen. Wenn die Masse fest ist, ist der Zucchinikuchen fertig.

Terrinen-Tipp: Damit die Zucchini nicht so viel Wasser ziehen, kann man sie auch mit den Händen ausdrücken.

Gericht für weitere Bands zubereitet: Dieter Thomas Kuhn

Na -- ick bin jedenfalls
Fan von der Rock-Terrine

KETTCAR ERDBEER-RADIESCHEN-SCHAFSKÄSE-SALAT

MIT HIMBEERDRESSING / VEGETARISCH

4 PERSONEN

1/2 Eichblattsalat - 1/2 Lollo Rosso - 1/2 Eisbergsalat - 1/2 Salatgurke - 2 Tomaten - 8 Radieschen - 400 g Erdbeeren - 200 g Schafskäse - 100 g gefrorene Himbeeren - 4 EL Olivenöl - 12-15 EL Himbeeressig - 5 EL Orangensaft - Spritzer Zitronensaft - S/P - Zucker - 2 EL süßer Senf

Für das Dressing den Essig mit dem Öl und den aufgetauten Himbeeren pürieren. Anschließend einen Spritzer Zitronensaft, 2 EL süßen Senf, 5 EL Orangensaft und 4 EL Wasser hinzugeben und mit Salz, Zucker, Pfeffer abschmecken. Das Ganze durch ein feines Sieb passieren.

Die Salate gründlich putzen und in mundgerechte Stücke zupfen. Die Tomaten klein würfeln, Radieschen vierteln. Die Salatgurke schälen, in dünne Scheiben schneiden und alles unter den Salat mischen. Zu guter Letzt den Schafskäse würfeln, die Erdbeeren vierteln und zu dem Salat geben; das Dressing drüber träufeln und fertig!

MEIN LI
HERRGESA
HAT DAS
ICH WER
AUF TOUR
OHNE AN
DENKEN
SO SIEH

KETTCAR
ACADEMY
GRAND HOT
VAN CLEEF
BUS
EREIN !
GESCHMECKT !
IE WIEDER
ENDWO ESSEN
UCH ZU
AUS.
R VON
TCAR

A DEATH IN THE FAMILY
ATOM

A DEATH AUBERGINENAUFLAUF IN THE FAMILY

VEGETARISCH

4-5 PERSONEN

3 Auberginen - 200 g gewürfelte Tomaten - 200 ml passierte Tomaten - 70 ml Sauce Hollandaise - 100 g frischen Parmesan - 2 Mozzarella - S/P - 1 Schuss Rotwein - 1 Zwiebel - 1-2 Zehen Knoblauch - Petersilie, Basilikum

Die Auberginen zunächst waschen, schälen und in 1 cm dicke Scheiben schneiden. Diese dann gut salzen und pfeffern und in Olivenöl goldbraun anbraten und auf Küchenpapier auslegen.
Für die Sauce eine kleine Zwiebel fein würfeln, in Olivenöl anbraten und mit einem Schuss Rotwein ablöschen. Gewürfelte und passierte Tomaten hinzugeben und mit Salz, Pfeffer, gepresstem Knoblauch, Petersilie und Basilikum würzen. Die Auflaufform zunächst mit etwas Tomatensauce bestreichen und mit einer Schicht Auberginen füllen; mit etwas Sauce Hollandaise beträufeln und frischen Parmesan darüber reiben. Erst Tomatensauce, dann die Auberginen und danach die Hollandaise und den Parmesan; in dieser Reihenfolge in die Auflaufform füllen. Zu guter Letzt den Auberginenauflauf mit Mozzarella bedecken und für 35 - 40 Min bei 190° C im Backofen backen. Als Beilage eignet sich Reis oder frisches Brot sehr gut dazu.

Gericht für weitere Bands zubereitet: Leatherface, Muff Potter

SUGARPLUM FAIRY
FETA-CURRY-CANAPÉES

VEGETARISCH

8-10 PERSONEN

2 Pk Feta - 2 EL Curry - 1 Prise Cayenne Pfeffer - 1 Messerspitze grober bunter Pfeffer - 2 Scheiben Ananas - Bund frischer Schnittlauch - 1 TL Currypaste

Feta mit den Händen zerkrümeln und mit dem Curry, der Paste und dem Pfeffer bestreuen. Ananas pürieren und zur Masse dazugeben. Schnittlauch klein hacken und auch unterrühren. Nochmals abschmecken. Wer es noch süßer haben möchte, macht einfach mehr Ananas dazu.
Das Ganze wird dann kühl gestellt und nach Bedarf auf Baguette serviert.

Terrinen-Tipp: Bitte keine frische Ananas verwenden, da die Mischung mit dem Käse nicht harmoniert und die Masse anfängt zu gären.

Gericht für weitere Bands zubereitet: Patricia Kaas

WIR SIND SPICY BANDNUDELSALAT HELDEN

VEGAN / VEGETARISCH

10 PERSONEN

1 kg sehr dicke Bandnudeln - 2 Gläser eingelegter Kürbis in
Stücken - 6 mittelgroße Möhren - 50 ml Orangensaft - 2 TL Curry
2 TL körniger Senf - 50 ml Sweet-Chili-Sauce - Messerspitze
Sambal Olek - 1 Prise Cayenne Pfeffer - 2 Schüsse Balsamico-Rosso
2 EL Zucker - S/P - 1 Zitrone - 1 Limette

Nudeln kochen und währenddessen die Möhren Schälen, in
Scheiben schneiden und in Öl braten. S/P und Curry dazu und
mit Orangensaft ablöschen. Wenn die Nudeln al dente sind,
alles zusammen in eine große Schüssel geben. Soßen und
Gewürze dazu geben. Die Hälften von Limette und Zitrone
auspressen und mit dem Balsamico zusammen in eine Schüs-
sel geben. Alles gut vermengen und gut ziehen lassen.

Terrinen-Info: Bei Salaten immer daran denken, dass es ein wenig mehr Soße sein sollte. Salate, gerade Nudelsalate ziehen immer nach. Lieber ein bisschen zuviel Soße machen, damit der Salat schön saftig bleibt.

Terrinen-Info: Was ist eigentlich der Unterschied zwischen
Tabasco und Sambal-Olek? Tabasco wird aus der gleichna-
migen Chilisorte seit 1868 gewonnen. Sambal Olek ist eine
scharfe dickflüssige typisch indonesische Gewürzpaste
ebenfalls auf Chili-Basis (danke, Wikipedia).

Was ist noch scharf: Cayenne Pfeffer, Szechuanpfeffer, Senf, Meerrettich, Knoblauch, Ingwer, etc.

Gericht für weitere Bands zubereitet: Millencollin, Laith al-Deen

Vielen Dank
für die leckeren
Extrawürste :)

I KNEW IT: KUSS KUSS SALAT HURRAY!

VEGAN

8 PERSONEN

500 g Cous Cous - 500 ml Wasser - 1 EL Gemüsebrühe - 1 Zitrone - 1 Limette - 10 Blätter Minze - 100 ml weißer Balsamicoessig - 50 ml Olivenöl - 1 EL Sesamöl - TL Zucker - 500 g getrocknete Tomaten - 1 Salatgurke - 1 EL Sesam

CousCous in 500 ml kochendem Wasser ca. 15 Min einweichen, eine gute Prise Salz dazu (nach Bedarf noch etwas Wasser nachfüllen). Währenddessen Gurke schälen, (schön sieht es aus, wenn die Gurke gestreift geschält wird, d.h. ca. 1 cm Schale bleibt immer stehen) und dass Innere, sprich die Kerne, bitte entfernen; aber nicht wegwerfen!
Gurke und Tomaten in kleine Würfel schneiden und zusammenmit dem CousCous in eine große Schüssel geben. Saft einer Zitrone und Limette, S/P, Sesamöl, Olivenöl, Gemüsebrühe, Zucker und Sesam dazu geben. Die Minze in sehr feine Streifen schneiden und zu dem Salat geben. Noch einmal anschmecken, und fertig: HURRAY!

I KNEW IT: HURRAY!

KATRIN LAUTER

SUBWAY TO SALLY LACHSTATAR

6 PERSONEN

400 g Räucherlachs - 1 Bund Lauchzwiebeln - frischer Dill und Petersilie - 1 Zwiebel - S/P - heller Balsamicoessig -1 TL Dijon Honigsenf - 1 TL Meerrettich - 1 TL Kapern

Den Lachs in feine Würfel, die Lauchzwiebeln in feine Ringe schneiden. Dill und Petersilie fein hacken und alles in eine Schüssel geben. Die Zwiebel klein schneiden und mit dem Balsamicoessig, dem Senf, dem Meerrettich und den Kapern vermischen. Alles mit Salz und Pfeffer abschmecken.

LACHSTATAR VARIANTE À LA LACHSCRÈME

6 PERSONEN

200 g Räucherlachs - 400 g Frischkäse - 1 Bund frischer Dill - 2 EL Sahnemeerrettich - S/P - 1 Spritzer Zitronensaft

Den Räucherlachs in feine Streifen schneiden und mit dem Frischkäse in einer Schüssel vermischen. Den Dill klein hacken und zusammen mit dem Sahnemeerrettich unterrühren. Mit Salz, Pfeffer und Zitronensaft abschmecken.

28 COSTUMES DREIERLEI GEFÜLLTE KARTOFFELN

VEGETARISCH

4 PERSONEN

8 große Kartoffeln - 150 g Champignons - 2 kleine Zwiebeln - 150 g Blattspinat - 2 rote Paprika - 2 Möhren 100 g Gorgonzola - 100 g Crème fraîche - 2 Knoblauchzehen 150-200 g geriebener Käse - S/P - Muskat, Zucker, Honig - frische Petersilie - 1 Chilischote - 50 g Butter Schuss Weißwein - Schuss O-Saft - Schuss Balsamicoessig

Die Kartoffeln gründlich waschen und 10 Min mit Butter in kochendes Wasser legen. Kurz mit kaltem Wasser abschrecken, längs halbieren und mit einem Teelöffel aushöhlen.

Füllung number one:
Gewürfelte Zwiebeln mit etwas Olivenöl anbraten. Die Champignons in Scheiben schneiden und zu den Zwiebeln geben. Anschließend Crème fraîche, eine gepresste Knoblauchzehe, Salz, Pfeffer, eine Prise Zucker und frische Petersilie hinzugeben und unter Rühren kurz aufkochen. Das Ganze mit einem Pürierstab pürieren.

Füllung number two:
Gewürfelte Zwiebeln zusammen mit einer gehackten Knoblauchzehe in Olivenöl anbraten. Blattspinat hinzugeben und mit einem Schuss Weißwein ablöschen. Das Ganze mit Salz, Pfeffer, einer Prise Zucker und Muskat würzen. Gorgonzola hinzugeben und bei mittlerer Hitze kochen bis der Käse sich auflöst.

Füllung number three:
Möhren schälen, grob würfeln und mit einem Stück Butter weich kochen. Paprika grob würfeln und zusammen mit einer gehackten Chilischote und Honig in Olivenöl scharf anbraten. Ablöschen mit einem Schuss Balsamicoessig. Einen schuss O-Saft hinzugeben, salzen, zuckern und vorsichtig pfeffern. Das Ganze pürieren und dann frische Petersilie hinzugeben.

Die Kartoffelhälften nun mit den Füllungen füllen, mit Käse bedecken und für 20 Min bei 180° C backen.

KEVIN DEVINES GEFÜLLTE CHAMPIGNONS

VEGETARISCH

4 PERSONEN

500 g frische Champignons

Für die Füllung: 1 Camembert - 1 Glas eingelegte getrocknete Tomaten - 1 Pk tiefgekühlte italienische Kräuter - 100 g gehackte Walnüsse - 200g geriebener Gouda - S/P

Den Strunk von den Champignons entfernen und mit einem Küchenkrepp säubern. Für die Füllung den Camembert mit der Hand kleindrücken, die Tomaten klein schneiden und die Walnüsse vorsichtig mit einem Nudelholz zerkleinern. Alles in einer Schüssel mit den Kräutern vermischen. Anschließend die Champignons füllen und zusätzlich den Käse drüberstreuen.
Zubereitungszeit: Im Ofen bei 180° C 20 Min backen.

Gericht für weitere Bands zubereitet: Schandmaul

KEVIN DEVINE
EXHAUS TRIER

DANKE FÜR DIE FL

In absoluter und

für

Mit Liebe gekocht und

werer Danksagung
rerheiten & Flüssigkeiten.
l liebe gegessen!
Danke

SPORTFREUNDE STILLER ROTKRAUTSALAT

VEGETARISCH

8 PERSONEN

2 Köpfe frischer Rotkohl - 1 Pk Walnüsse - 250 ml Apfelessig
1 Glas Apfelmus (ohne Stücke) - 3 Äpfel - 2 TL Zucker
3EL Pflanzenöl - S/P - Prise Muskatnuss

Rotkohl in feine Streifen schneiden und kurz im Wasser andünsten (es reicht wenn der Kohl ca. 0,5 cm mit Wasser bedeckt ist). Nach dem Dünsten Streifen in einer Schüssel mit dem Essig, Apfelmus, Gewürzen und Öl marinieren und eine Stunde ziehen lassen. Äpfel und Walnüsse untermischen und noch mal kurz abschmecken. Fertig!

Terrinen-Info: Walnüsse machen kerngesund. Sie enthalten Vitamin B6. Dieses Vitamin sorgt für ausreichend Zucker und Sauerstoff im Gehirn und pusht Nervenbotenstoffe, die Impulse, Gedanken oder Ideen weiterleiten. Also gut für den Musiker, um sich auf der Bühne nicht zu verspielen.

Gericht für weitere Bands zubereitet: Projekt Pitchfork

NIKOLA SARCEVIC TOMATENBUTTER

VEGETARISCH

6 PERSONEN

250 g (weiche) Butter - 1 kleine Tube Tomatenmark - 1 Schalotte - Basilikum - S/P - Cayennepfeffer - 1 Spritzer Zitronensaft

Die weiche Butter mit dem Tomatenmark in eine Schüssel geben. Die Schalotte mit einer Reibe fein reiben und zu der Masse geben. Basilikumblätter klein schneiden und die Gewürze und den Zitronensaft ebenfalls dazugeben. Alles mit einer Gabel zerdrücken und verrühren.

Terrinen-Tipp: Man kann auch klein geschnittene getrocknete Tomaten untermischen.

Gericht für weitere Bands zubereitet: Sasha, In Extremo, Muff Potter

NIKOLA SARCEVIC
FORUM TRIER 07

KILL THE YOUNG PANGASIUS FILET IN FEINER MARINADE

FÜR FISCH-ESSENDE-VEGANER

4 PERSONEN

4 Stücke frischer Pangasius oder auch TK - 2 EL frischer Dill - S/P - 1 TL Cayenne Pfeffer - 2 EL Olivenöl - 2 EL Thymianessig 1 EL Zucker - 1 EL Estragon Senf - 4 Scheiben Zitrone - Schuss Weißwein - 150 ml Kokosnussmilch - 1 EL Sesam

Frischer Pangasius mit den oben genannten Zutaten einlegen und marinieren. Es gibt keine chronologische Reihenfolge. Etwa 2 Stunden im Kühlschrank stehen lassen und danach in eine mit Butter oder Öl stark erhitzte Pfanne legen. Kurz auf beiden Seiten anbraten, die Flamme kleiner stellen und bei Bedarf nachwürzen oder noch einen Schuss Kokosnussmilch dazu gießen (Fisch wird zarter). Nach ca. 8 Min kann der Fisch in der Mitte längst geteilen werden, so dass aus einem Stück zwei kleine Stücke entstehen.

Terrinen-Info: Pangasius, ein Süßwasserfisch und eine Welsart, wird vermehrt in Vietnam gezüchtet und ist nahezu grätenfrei. Durch seine feste Konsistenz lässt er sich sehr gut braten und fällt kaum auseinander. Er hat einen sehr dezenten, kaum fischigen Geschmack, daher ist eine gute Marinade unumgänglich.

Terrinen-Tipp: Eine gute Marinade lässt sich aus vielerlei Dingen herstellen. Öl, Essig, Gewürze und Zitrone reichen fast schon aus. Gut schmeckt auch eingelegter Fisch als indische Variante mit Tandoori Paste oder Tandoori Gewürzen.

Anekdote: Auf dem Rider von Bright Eyes stand, dass Connor Oberst Veganer ist aber sich sehr über eine portion Fisch freuen würde. Also ist er ein Fisch-essender-Veganer??

Gericht für weitere Bands zubereitet: Bright Eyes, Lionel Richie, Seal, Bela B., Fanta 4

NEW FRANZÖSISCHE MODEL ARMY KARTOFFELSUPPE

VEGETARISCH

8 PERSONEN

600 g mehlige Kartoffeln - 100 g Schalotten - 1 l Gemüsebrühe - 3 EL Pernod - 300 g Äpfel (säuerlich) - 75 g Ziegenfrischkäse - 50 g Parmesan - 200 ml Kokosnussmilch
1 Knobi-Zehe - 100 g getrocknete Tomaten - Petersilie - S/P

Kartoffeln waschen, schälen und in kleine Stücke schneiden. Das Gleiche mit den Äpfeln und Zwiebeln. Zusammen in einen Topf geben und mit Butter anbraten. Nach ca. 8 Min erst mit Pernod und nach einigen Min mit der Gemüsebrühe ablöschen. Wie es sich für einen Rockstar gehört, darf auch in einer guten Sauce, oder in einer feinen Suppe ein Schuss Alkohol nicht fehlen.
Mit S/P würzen, die getrockneten Tomaten dazugeben (**Terrinen-Tipp:** getrocknete Tomaten mit der Schere klein schneiden, geht prima!) und etwa 30 Min sanft kochen lassen, bis die Kartoffeln weich sind. Käse in einer Schüssel mit Petersilie, Knobi und Kokosnussmilch mischen. Das Ganze zu einem Brei verrühren und langsam zu der Suppe dazugeben. Verrühren, nochmals kurz aufkochen lassen. Fertig und lecker!

Terrinen-Tipp: Natürlich kann Pernod auch als Digestif genossen werden. Anis ist gut für die Verdauung.

Gericht für weitere Bands zubereitet: Abba Mania

MONSTER MAGNET KRÄUTERREIS

VEGETARISCH

4 PERSONEN

500 g Basmatireis - 250 g getrocknete Kräuter (Petersilie, Dill, Schnittlauch) - 3 EL Öl - 50 g Butter - Salz

Allgemein kann man ungefähr eine Kaffeetasse Reis pro Person rechnen.

Beim Reiskochen ist es wichtig, dass der Reis sehr viel Platz hat, d.h. in einem großen Topf gekocht wird, damit er nicht verklebt. Der Reis wird zunächst dreimal mit kaltem bis lauwarmen Wasser gewaschen. Den Reis in einen großen Topf umfüllen und mit frischem Wasser auffüllen; das Wasser steht ungefähr eine Daumenkuppe über dem Reis. Ein Viertel der Kräuter, zwei Prisen Salz und 2-3 EL Öl, wahlweise Olivenöl hinzugeben. Das Ganze nun für ungefähr 15-20 Min bei mittlerer bis hoher Hitze kochen und alle 3-4 Min von unten nach oben vorsichtig rühren. Nach ca. 15-20 Min den Reis in ein Sieb geben und mit kaltem Wasser waschen. Den Topfboden mit Öl bedecken und dann den gewaschenen und abgetropften Reis mit den restlichen Kräutern vermengen und zusammen mit der Butter in den Topf geben. Den Topfdeckel mit einem sauberen Küchentuch umwickeln und auf den Topf setzen. Das Ganze nun bei niedriger Hitze ca. 15-20 Min ziehen lassen. Am Topfboden entsteht nach 20 Min eine leckere Reiskruste, die ebenfalls zum Verzehr geeignet ist.

Terrinen-Tipp: Der Kräuterreis passt ideal zu Fischgerichten.

DIE HAPPY
LOSHEIM 06

DIE HAPPY SALAT MIT GEBACKE
ZIEGENKÄSE UND FE

VEGETARISCH

4 PERSONEN

2 Salatherzen - 1 Radicchio - 4 Tomaten - 4 Feigen - 1 Rolle Ziegenkäse - Honig

Salatdressing: 3 EL Olivenöl - 1 EL Weißweinessig - frische - S/P gemischte Kräuter (Schnittlauch, Petersilie, Basilikum) - Zucker - 1 TL Dijon Honigsenf - 2 EL Naturjoghurt - 1 Spritzer Zitronensaft

Den Salat waschen und in feine Streifen schneiden, die Tomaten achteln. Den Ziegenkäse in 4 dicke Scheiben schneiden, mit Honig beträufeln und auf einem Backblech ca. 10 Min bei 180° C im Backofen backen. In der Zwischenzeit die Zutaten für das Dressing in ein Gefäß geben und vermischen. Die Salatstreifen zusammen mit den Tomatenstücken in eine Salatschale geben und mit dem Dressing beträufeln. Den fertigen Ziegenkäse darübergeben und zum Schluss die Feigenhälften darauf verteilen.

Terrinen-Tipp: Dazu schmecken Pumpernickelscheiben sehr gut.

Gericht für weitere Bands zubereitet: Oomph!, TOTO

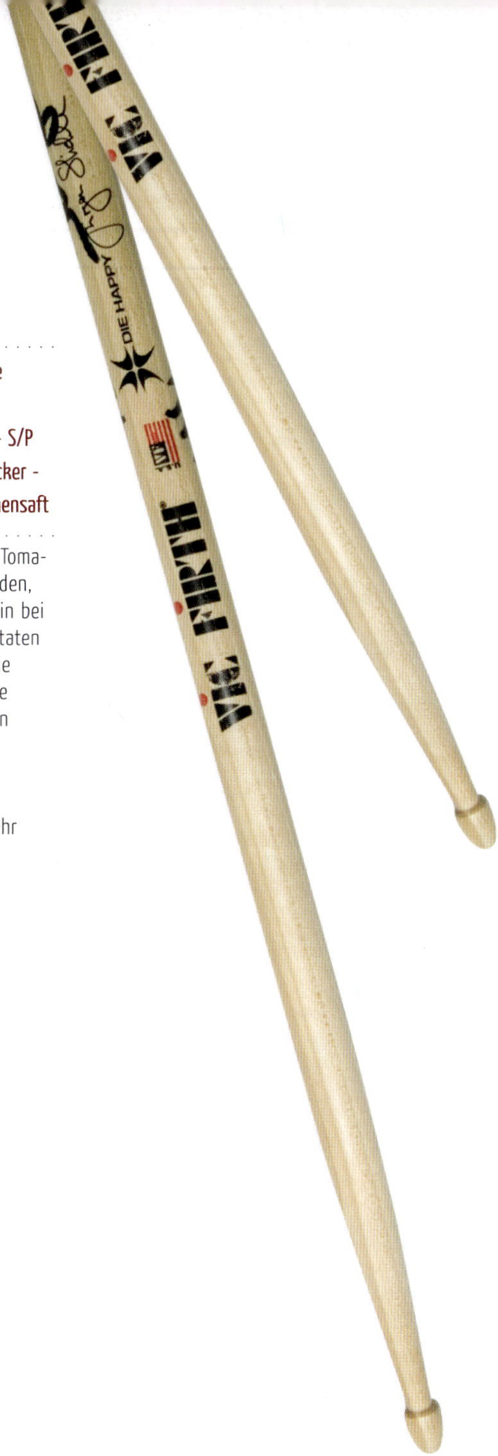

BAKKUSHAN RÄUCHERLACHS-DILLSAUCE

MIT SPAGHETTI

4 PERSONEN

600 g Spaghetti - 500 ml Sahne - 100 g Gorgonzola
100 g frischer Parmesan - 200 g Räucherlachs - 50 g
frischer Dill - 1/4 Bund frische Petersilie - S/P - Muskat

Die Spaghetti bissfest kochen, abgießen und erstmal zur Seite stellen. Einen Topf aufstellen und die Sahne mit dem Gorgonzola bei geringer Hitze köcheln. Den Räucherlachs in Streifen schneiden und hinzugeben. Zu guter Letzt den Parmesan gemeinsam mit dem gezupften, frischen Dill unterrühren und mit einer Prise Salz, (großzügig) Pfeffer würzen und nochmals kurz aufkochen.
Die gekochten Spaghetti unterrühren und das Ganze mit einer Prise Zucker und frischem Muskat abschmecken.
Beim Servieren die gehackte, frische Petersilie darüber geben.

Tipp: Werden Nudeln schon vorgekocht und erst später verwendet, sollte man sie sofort nachdem sie gar sind mit kaltem Wasser übergießen und anschließend mit öl beträufeln. Dann kleben sie nicht so, jedoch gute Pasta schmeckt natürlich am Besten à la minuite!

BABY, DU

BABY,

BAB

Danke für das geile Essen! Ihr seid die Besten! Die Rockter

Viele Grü

BA

PALE KARTOFFEL-DRESSING MIT FELDSALAT

VEGETARISCH

4 PERSONEN

3 kleine Kartoffeln - 500 g Naturjoghurt - frische Petersilie und frischer Schnittlauch - 3 EL Olivenöl - 1 EL Weißweinessig - 1 TL Dijon Honigsenf - 1 TL Zucker - S/P

Die Kartoffeln schälen und anschließend weich kochen. Die Petersilie und den Schnittlauch fein hacken. Die gekochten Kartoffeln mit dem Joghurt in eine Schüssel geben und pürieren. Dann die Kräuter, das Olivenöl und den Weißweinessig dazugeben und mit Senf, Zucker, Salz und Pfeffer abschmecken.

Gericht für weitere Bands zubereitet: Revolverheld

HARD XXX CORE

CONVERGE, RISE AND FALL, FROM AUTUMN TO ASHES, AKIMBO, STRIKE ANYWHERE

From Autumn To Ashes Berberitzenreis
Steakknife Laugenbretzel Knödel
Thrice Kartoffelgratin
Akimbo geschmorte Cocktailtomaten
Safran **Rise And Fall** Basmatireis
Chili **Converge** sin Carne in der Terrine
Strike Anywhere Waldbeer-Mascarpone-Kuchen
Parkway Drive Lemongras Suppe
Indische **Caliban** Dhaal-Suppe
Walls Of Jericho gefüllte Tomaten mit Feta
Callejon vs. Rockterrine Zombiekraut

PARKWAY DRIVE
JEFF LING

FROM AUTUMN TO ASHES
BERBERITZEN-REIS

VEGETARISCH

4 PERSONEN

**500 g Reis - 1/2 g Safran - 50 g Butter - 150 g Berberitzen
50 g Sultaninen - 50 g Mandelstifte - 3 EL Zucker
Salz - 2-3 EL Öl**

Allgemein kann man ungefähr eine Kaffeetasse Reis pro Person rechnen.
Beim Reiskochen ist es wichtig, dass der Reis sehr viel Platz hat, d.h. in einem großen Topf gekocht wird, damit er nicht verklebt. Der Reis wird zunächst dreimal mit kaltem bis lauwarmen Wasser gewaschen. Den Reis in einen großen Topf umfüllen und mit frischem Wasser auffüllen; das Wasser steht ungefähr eine Daumenkuppe über dem Reis. Zwei Prisen Salz und 2-3 EL Öl, wahlweise Olivenöl hinzugeben. Das Ganze nun für ungefähr 15-20 Min bei mittlerer bis hoher Hitze kochen und alle 3-4 Min vorsichtig von unten nach oben rühren. Nach ca. 15-20 Min den Reis in ein Sieb geben und mit kaltem Wasser waschen. Den Topfboden mit Öl bedecken und dann den gewaschenen und abgetropften Reis hinein geben. Den Topfdeckel mit einem sauberen Küchentuch umwickeln und auf den Topf setzen. Das Ganze nun bei niedriger Hitze ca. 15-20 Min ziehen lassen. Am Topfboden entsteht nach 20 Min eine Reiskruste, die ebenfalls zum Verzehr geeignet ist.
Die Berberitzen gründlich waschen und abtropfen lassen. Die Butter in einer Pfanne schmelzen, Berberitzen und die Sultaninen hinzugeben. 1/4 g Safran zermahlen und mit 3 EL Zucker und einer Prise Salz zu den Berberitzen geben und einmal kurz erhitzen.
Ein 1/4 g Safranfäden mit einem Mörser zermahlen und in eine Schüssel mit 20 ml kochendem Wasser auflösen. Nun ungefähr ein Viertel des gekochten Reis mit dem Safranwasser vermengen und dieses dann über den restlichen Reis verteilen. Die Berberitzen nun über den Reis geben und mit den Mandelstiften garnieren.

Terrinen-Tipp: Ideal hierzu passt das **Former Cell Mates Joghurt-Safran-Hühnchen (Rezept s. Seite 45)**

STEAKKNIFE LAUGENBREZEL - KNÖDEL

VEGETARISCH

4 PERSONEN

8 Laugenbrezeln - 2 Schalotten - 6 Eier - 1 Bund Petersilie - 200 ml Milch - S/P - etwas Kräuterbutter - 1 Prise Muskat

Das Salz von den Laugenbrezeln entfernen oder einfach 8 Tiefkühlbrezeln aufbacken und verwenden. Die Brezeln in kleine Stücke reißen und zusammen mit den klein geschnittenen Schalotten und den Eiern in eine Schüssel geben. Die Petersilie klein hacken und dazugeben. Die Milch aufkochen und nach dem Abkühlen zu der Masse geben. Alles gut miteinander vermischen. Mit Salz, Pfeffer und Muskat abschmecken. Falls die Masse zu flüssig ist, noch etwas Paniermehl untermengen.

Die Innenseite der Folie mit der weichen Kräuterbutter bepinseln, die Masse in 4 Portionen teilen und jeweils zu einer ca. 10-15 cm langen und ca. 5-8 cm dicken Wurst formen und in Alufolie einrollen. Die Pakete müssen gut verschlossen sein. Anschließend die Päckchen in siedendem Wasser ca. 20 bis 30 Min ziehen lassen.

Die Knödel in Scheiben schneiden und in Butter anbraten.

Gericht für weitere Bands zubereitet: Die Happy, Itchy Poopzkid

THRICE KARTOFFELGRATIN

VEGETARISCH

4 PERSONEN

500 g kleine Kartoffeln (Drillinge) - 600 ml Sahne - 4 Zweige Rosmarin - 1 Bund frische Petersilie - S/P - 2 Zehen Knoblauch 2 Mozzarella - 150 g geraspelten Gouda

Die Kartoffeln waschen und im Salzwasser (mit Schale) fast gar kochen, abschütten und längs halbieren. Eine Auflaufform mit Butter einfetten und die Kartoffelhälften mit der geschnittenen Seite nach unten nebeneinander legen. Die Sahne dazugeben, bis die Kartoffeln halb bedeckt sind. Die Rosmarinblättchen von den Zweigen abzupfen, die Petersilie klein hacken und über die Kartoffeln verteilen. Den Knoblauch, Salz und Pfeffer dazugeben. Kleingeschnittenen Mozzarella und den geraspelten Gouda über die Kartoffeln verteilen. Bei 180° C das Kartoffelgratin ca. 25 Min backen, bis der Käse goldbraun ist.

Gericht für weitere Bands zubereitet: Patricia Kaas

AKIMBO GESCHMORTE COCKTAILTOMATEN

VEGETARISCH

4 PERSONEN

500 g Cocktailtomaten - Olivenöl - Balsamicoessig - 2 Zweige frischer Rosmarin - frischer Basilikum - S/P - 2 EL brauner Zucker

Die Cocktailtomaten von den Stielen trennen, waschen und halbieren. In eine Auflaufform geben und großzügig mit Olivenöl und Balsamicoessig beträufeln. Die Rosmarinblättchen und das Basilikum großzügig dazugeben, mit Salz und Pfeffer würzen und zum Schluss den braunen Zucker drüberstreuen. Bei 180° C ca. 25 Min schmoren.

Terrinen-Tipp: Tortellini mit Spinat-Ricotta-Füllung schmecken dazu toll.

Gericht für weitere Bands zubereitet: Sasha, Kim Wilde

AKIMBO
JON WEISNEWSKI

RISE AND FALL
TRIER SUMMERBLAST 07

SAFRAN RISE AND FALL BASMATIREIS

VEGETARISCH

4 PERSONEN

500 g Basmatireis - 1/2 g Safran - Salz - 2-3 EL Öl

Allgemein kann man ungefähr eine Kaffeetasse Reis pro Person rechnen. Beim Reiskochen ist es wichtig, dass der Reis sehr viel Platz hat, d.h. in einem großen Topf gekocht wird, damit er nicht verklebt. Der Reis wird zunächst dreimal mit kaltem bis lauwarmen Wasser gewaschen. Den Reis in einen großen Topf umfüllen und mit frischem Wasser auffüllen; das Wasser steht ungefähr eine Daumenkuppe über dem Reis. Zwei Prisen Salz und 2-3 EL Öl, wahlweise Olivenöl hinzugeben. Das Ganze nun für ungefähr 15-20 Min bei mittlerer bis hoher Hitze kochen und alle 3-4 Min von unten nach oben vorsichtig rühren. Nach ca. 15-20 Min den Reis in ein Sieb geben und mit kaltem Wasser waschen. Den Topfboden mit Öl bedecken und dann den gewaschenen und abgetropften Reis hinein geben. Den Topfdeckel mit einem sauberen Küchentuch umwickeln und auf den Topf setzen. Das Ganze nun bei niedriger Hitze ca. 15-20 Min ziehen lassen. Am Topfboden entsteht nach 20 Min eine Reiskruste, die ebenfalls zum Verzehr geeignet ist. Ein 1/2 g Safranfäden mit einem Mörser zermahlen und in eine Schüssel mit 20 ml kochendem Wasser auflösen. Nun ungefähr ein Viertel des gekochten Reis mit dem Safranwasser vermengen und dieses dann über den restlichen Reis verteilen.

CHILI CONVERGE SIN CARNE IN DER TERRINE

VEGAN / VEGETARISCH

4-6 PERSONEN

2 Zwiebeln - 2 Möhren - 350 g Soja Splits - 2 EL Tomatenmark - 3 Pk Pizzatomaten - 2 Dosen Mais - 1 Dose Kidney-Bohnen - 1 Zweig frischer Rosmarin - 1 EL Öl - 1 Schuss Rotwein - 1 TL Cayenne Pfeffer - 1 EL Gemüsebrühe - 250 g Spätzle - S/P - 1 TL Zucker

Soja in 600 ml kochendem Wasser (plus 1 EL Gemüsebrühe) ca. 15 Min aufweichen. Während dessen auch Spätzle (ohne Ei) kochen. Zwiebeln und Möhren in Öl anbraten und fertiges Soja dazu geben und mit Rotwein ablöschen (wahlweise kann auch Traubensaft genommen werden, wer es gerne ohne Alkohol mag). S/P, Gewürze Pizza Tomaten und Tomatenmark dazugeben. Einige Min aufkochen lassen. Anschließend Bohnen und Mais dazu, danach nochmal das Ganze abschmecken. Spätzle in eine Suppenterrine geben und das Chili drüber gießen. Käse für die Nicht-Veganer oben drüber streuen und für etwa 15 Min bei 200° C Umluft ab in den Ofen.

vegetarische Variante:
100 g geriebener Gouda
50 g geriebener Emmentaler

Gericht für weitere Bands zubereitet: Converge, Rise And Fall, Parkway Drive, Walls Of Jericho

CONVERGE
JACOB BANNON

STRIKE ANYWHERE WALDBEER MASCARPONE KUCHEN

4 PERSONEN

1 dunkler Wiener Tortenboden - 750 g gefrorene Beerenmischung 500 g Mascarpone - 1/8 l Sahne - 3 EL brauner Zucker - 1 Pk Vanillezucker - 50 g Schokolade

Die Beerenmischung halb gefroren mit dem Mascarpone vermischen. Den braunen Zucker, Vanillezucker und die Sahne dazugeben und mit einem Rührlöffel kräftig verrühren. Die Masse auf die beiden Böden verteilen und zusammensetzen. Den Deckel ebenfalls mit der Crème bestreichen und mit der zuvor geraspelten Schokolade verzieren.

Terrinen-Tipp: Man kann natürlich auch Himbeeren, Erdbeeren oder Heidelbeeren verwenden.

PARKWAY DRIVE LEMONGRAS SUPPE

MIT KISS FROM A ROSE / VEGAN

10 PERSONEN

3 Schalotten - 1 großes Stück Ingwer (100 g) - 3 Stängel Zitronengras - 2 EL Chiliöl - 1/2 kleine rote Chilischote 800 ml Wasser - 3 EL Gemüsebrühe (ohne Glutamat) 300 ml Kokosmilch - 1 TL gelbe Currypaste - S/P - 2 TL Rohrzucker - frisch gemahlener Pfeffer - 1 Zweig Koriander 4 Möhren - 1/2 Sellerie - 4 Stängel Staudensellerie - 2 Zucchini

Schalotten würfeln, Ingwer schälen, grob hacken und in einem Topf mit dem Öl anschwitzen. Gemüse in Streifen oder Würfel schneiden, dazugeben und kurz anbraten. Wasser und Kokosmilch dazugeben, aufkochen und etwa zehn Min bei mittlerer Hitze kochen, so dass eine feine Brühe entsteht. Je nach Intensität des Gemüses, mit Gemüsebrühe nachwürzen. Restliche Gewürze dazugeben (Currypaste, S/P, Zucker, Koriander). Chilischote und Zitronengras in der Brühe mitköcheln und zwischendurch probieren, ob es nicht zu scharf wird. Alles zusammen ca. 30 Min ziehen lassen. Et voilà!

Terrinen-Tipp: zitronenartiger Geschmack vom Lemongras besitzt einen Hauch von Rosenduft. Die Suppe bekommt eine edle Note, indem einige Tropfen Rosenöl der fertigen Suppe hinzugefügt werden.

Terrinen-Tipp Tipp: Wer es gerne fleischig mag: Hühnchen in Streifen schneiden mit S/P und Kurkuma würzen; kurz anbraten und mit in die Suppe geben.

INDISCHE CALIBAN DHAAL SUPPE

VEGAN

8 PERSONEN

2 TL Chiliöl - 2 gepresste Knoblauchzehen - 5 gehackte Schalotten - 1 TL Kurkuma - 2 TL Garam Masala - 1 TL Cayennepfeffer - 1 TL Cumin - 1 Zweig Koriander (nach Belieben) - 3 Dosen Pizzatomaten - 300-350 g rote Linsen - 2 TL Limettensaft - 1 l Gemüsebrühe - 250-300 ml Kokosmilch

Schalotten und Knobi im Chiliöl etwa 2-3 Min in einem Topf glasig andünsten, Gewürze hinzufügen und 30 Sekunden umrühren. Linsen dazufügen und kurz anschwitzen. Dann folgendes zugeben und zum Kochen bringen: Gemüsebrühe, Pizzatomaten, Kokosmilch und Limettensaft. Das Ganze ca. 30-40 Min köcheln bis die Linsen weich sind. Nach Belieben etwas Schärfe oder Süße dazufügen (Cayennepfeffer / Kokosnussmilch). Ready!

Terrinen-Tipp: Garam Masala ist eine indische Gewürzmischung aus schwarzem Pfeffer und Kreuzkümmel. Diese Gewürze sollen nach ayurvedischer Heilkunst den Körper erhitzen.

WALLS OF JERICHO
CANDACE KUCSULAIN

GEFÜLLTE WALLS OF JERICHO TOMATEN MIT FETA

VEGETARISCH

4 PERSONEN

8 mittelgroße Tomaten - 300-400 g Feta - 150 g in Knoblauch eingelegte Oliven - 100 g Sonnenblumenkerne
8 EL Balsamicoessig rosso- 100 ml Olivenöl - frischer Basilikum
frische Petersilie - S/P - Zucker

Den Fetakäse klein bröseln, Oliven klein hacken und zusammen mit dem Olivenöl, dem Balsamicoessig und den Kräutern vermengen. Sonnenblumenkerne rösten und hinzugeben. Die Füllung mit einer Prise Salz, Pfeffer und Zucker würzen. Die Tomaten köpfen und mit einem Teelöffel aushöhlen. Anschließend mit der Fetakäsemasse füllen und für 15 Min bei 180° C backen. Dazu kann man Reis oder Salat servieren.

Gericht für weitere Bands zubereitet: Rise And Fall, Converge, Nine, Parkway Drive

VS. ROC

Callejon haben sich gedanken gemacht um der Rockterrine Konkurrenz zu machen und präsentieren ihre rezepte.

CALLEJON VS. ROCKTERRINE ZOMBIEKRAUT

4 PERSONEN

250 gr. Sauerkraut - 250 gr. Hackfleisch - 1 Zwiebel - 1-2 Knoblauchzehen - 1 Becher Crème Fraiche - 1/2 l Fleischbrühe - Salz, Cayennepfeffer, Paprikapulver

Zwiebeln und Knoblauch schälen und fein zerhackt in öl anbraten. Hackfleisch hinzugeben, mit Cayenne Pfeffer, Salz und Paprikapulver leicht würzen und weiterdünsten. Das ganze mit Fleischbrühe angiessen und Sauerkraut hinzugeben. Unter umrühren 15 Minuten kochen lassen. Am Ende Crème fraiche einrühren und das ganze mit etwas Schnittlauch und bauernbrot servieren.

Dazu reichen Callejon einen „kalten Hinnark".

KALTER HINNARK

1 PERSON

100 ml feinster Lambrusco - 100 ml Red Bull - 4 cl Jägermeister - 50 ml Cola - auf Eis

XTERRINE

METAL

DARKEST HOUR, NAPALM DEATH

Darkest Hour Blätterteigstrudel
Napalm Curry, **Death** Chicken

FEAR MY THOUGHTS
TRIER SUMMERBLAST 07

DARKEST HOUR
ESCH ALZETTE, LUXEMBURG 07

DARKEST HO
BLÄTTERTEIGSTRU

UR
EL

MIT GEMÜSEFÜLLUNG / VEGETARISCH

4 PERSONEN

Eine Rolle frischer Blätterteig - 2 Zucchini - 2 Auberginen - 1 Paprika - 1 Gemüsezwiebel - 5 Scheiben Toastbrot - S/P - 5 EL Balsamicoessig - Zucker - Basilikum

Die Auberginen, Zucchini und die Paprika in Würfel schneiden. Die Zwiebel in feine Streifen schneiden und in einer Pfanne mit etwas Olivenöl glasig dünsten. Anschließend die Paprika, Auberginen- und Zucchiniwürfel dazugeben und ca. 15 Min braten. Mit Salz und Pfeffer würzen und mit Balsamicoessig ablöschen. Zucker und Basilikum dazugeben und nach 2 Min von der Kochplatte nehmen.
Die Rinde von den Toastbrotscheiben abschneiden, Scheiben in kleine Stücke teilen, anschließend zu der Gemüsemischung geben und alles gut vermengen bis alles eine sämige und formbare Konsistenz erreicht hat.
Den Blätterteig ausrollen und die Gemüsemischung waagerecht in der Mitte verteilen. Dann die obere und untere Seite des Teiges nach oben klappen und festdrücken. Mit einem Messer diagonale Schlitze reinschneiden, damit der Teig platz hat um sich auszudehnen. Die Enden zusammenfalten, damit nichts raus läuft.
Zum Schluss den Blätterteigstrudel mit Eiweiß bestreichen.

Zubereitungszeit:
Bei 180° C ca. 30 Min backen. Er ist fertig wenn er goldgelb ist.

Terrinen-Tipp: Den Strudel abkühlen lassen, dann kann man ihn besser schneiden.

Gericht für weitere Bands zubereitet: Caliban

NAPALM CURRY, DEATH CHICKEN

4 PERSONEN

3-4 Hühnerfilets - 2 Zwiebeln - 2 Möhren - 1 rote Paprika - 1 grüne Paprika - 1 Apfel - 1 rote Chilischote - 1/4 Bund frische Petersilie - 80 g Butter - 500 ml Sahne - Schuss Weißweinessig - Schuss O-Saft - 5 EL Curry - 2 EL Honig - S/P - Zucker

Zunächst zwei Zwiebeln in Streifen schneiden und mit der Hälfte der Butter und 2 EL Honig in einem Topf anbraten. Einen Apfel waschen, in dünne Scheiben schneiden und zusammen mit einer zerkleinerten roten Chilischote zu den Zwiebeln geben. Das Ganze mit einem Schuss Weißweinessig und O-Saft ablöschen. Die Hühnerfilets vierteln und mit der anderen Hälfte der Butter hinzugeben und gut anbraten. Eine rote und eine grüne Paprika in relativ große Würfel schneiden; 2 Möhren in dünne Scheiben schneiden und zusammen mit dem Rest anbraten. Das Ganze wird nun gesalzen und gepfeffert. Schließlich werden 500 ml Sahne und 5 EL Curry hinzu gegeben und verrührt. Ein viertel Bund frische Petersilie hacken und zusammen mit einer Prise Zucker zu dem Curry-Chicken geben.

VARIO

SEEED,
THE ROOTS, AIR, TOTO, THE

Seeed Karottensuppe
The Roots Tomatensuppe
Lionel Richie Mandelhühnchen
Gefüllte Tomaten mit Linsen **PUR**
Grünes **Toto** Tutti Frutti á la Kiwi
Guildo Horn Baumnuss-Kokos-Makronen
Stefan Gwildis Forellencrème
Alan Parsons Viktoriabarsch **Project**
Kim Wilde Zucchini-Parmesan-Suppe
Laith al-Deen Asiatischer Gurkensalat mit Garnelenspießen
Pangasius Variante in Tomatensugo á la **Roger Cicero**
Air Tofu-Curry
Helge Schneiders Schokoladen Erdbeer Wahnsinn
Simply Red Sommersalat
Der **Fantastische vier**sichkuchen
Sasha Haselnusskuchen

OUS

SASHA, KIM WILDE,
HOOTERS

SEEED KAROTTENSUPPE

VEGETARISCH

8 PERSONEN

1 kg Karotten - 3 große Kartoffeln - Gemüsebrühe - 200 ml Orangensaft - 50 ml Zitronensaft - 2 Zwiebeln - 100 ml Rosé oder Weinbrand - 1 Bund frische Petersilie - Sahne/Milch - S/P - Curry - 1 Mango - 100 g eingelegter Kürbis aus dem Glas

Karotten und Kartoffeln schälen, in kleine Stücke schneiden und in einem großen Topf mit etwas Butter anbraten. Dann mit der Gemüsebrühe (nur so viel, dass die Karotten/Kartoffeln bedeckt sind) ablöschen und alles ca. 15 Min köcheln lassen.

Zwiebeln anbraten und dazugeben. Alles dann mit einem Pürierstab pürieren. Milch/Sahne, Orangensaft, Zitronensaft und den Rose/Weinbrand dazugeben. Alles gut verrühren, mit S/P, Curry und Zucker abschmecken und zum Schluss die Petersilie klein hacken und untermischen.

Terrinen-Tipp: Petersilienblättchen abzupfen, in einen Becher geben und mit einer Schere klein schneiden, geht schneller!

Gericht für weitere Bands zubereitet: Gentelman

THE ROOTS TOMATENSUPPE

VEGETARISCH

4 PERSONEN

1 kg Strauchtomaten - 2 EL Tomatenmark - 1 Gemüsezwiebel - 2 EL schwarze Oliven (ohne Steine) - 2 Pepperonischoten - 1 Zehe Knoblauch - 200 ml Rotwein - 200 ml Gemüsebrühe - 1 Bund frisches Basilikum - Balsamicoessig - Zucker - S/P - 1 kleines Stück Peccorinokäse - nach Belieben 2 EL Crème fraîche

Die Tomaten waschen, mit einem kleinen Messer den Strunk entfernen und die Haut einritzen. Die Tomaten in kochendes Wasser legen, bis die Haut sich anfängt zu lösen. Dann alle Tomaten enthäuten und zurück in den Topf legen.
Die Gemüsezwiebel klein schneiden und in einer Pfanne mit etwas Olivenöl andünsten. Das Tomatenmark, die Oliven, die Pepperoni und den Knoblauch dazugeben und alles ca. 5 Min in der Pfanne dünsten. Mit dem Rotwein ablöschen und alles zu den Tomaten geben. Mit dem Pürierstab die Zutaten pürieren und die Gemüsebrühe dazugeben. Das Basilikum klein hacken und zusammen mit dem Balsamicoessig, Zucker und Salz und Pfeffer abschmecken. Zum Schluss den geriebenen Peccorinokäse und Crème fraîche dazugeben.

Terrinen-Tipp: Um die Suppe cremiger zu machen, kann man diese mit Sahne strecken.

Gericht für weitere Bands zubereitet: Alkaline Trio

LIONEL RICHIE MANDELHÜHNCHEN

4 PERSONEN

4 Hühnerfilets - 250 g Mandelblätter - 50 g Mehl - 2 Eier - 2 EL Milch - 2 EL Amaretto - S/P - Muskat

2 Eier mit der Milch, dem Amaretto, einer Prise Salz, Pfeffer und Muskat in einer Schüssel verquirlen. In eine weitere Schüssel das Mehl hineingeben und schließlich in eine dritte die Mandelblätter füllen. Die Hühnerfilets werden zuerst in dem Mehl gewendet, dann im verquirlten Ei. Anschließend werden die Mandelblätter an die Filets gedrückt.
Die Filets in einer Pfanne mit Pflanzenöl bei geringer bis mittlerer Temperatur ca. 7-8 Min auf der einen Seite und ca. 7-8 Min auf der anderen Seite durchbraten.

GEFÜLLTE TOMATEN MIT LINSEN PUR

VEGETARISCH

6 PERSONEN

6 große Tomaten - 500 g rote Linsen - S/P -1 TL Cumin - 1 TL Kurkuma - 1 TL Cayenne Pfeffer - 1 Bund Petersilie - 1 TL Chili Senf - 1 TL Zucker - Zitrone - 1 Rolle Ziegenkäse - 2 gelbe Paprika - Öl

Tomaten mit einem Teelöffel aushüllen (Fruchtfleisch aufheben). Mit Salz und Pfeffer würzen und mit der Linsenmasse beginnen. Linsen mit 500 ml Wasser zum Kochen bringen und warten bis sie bissfest sind. Danach in eine Schüssel mit den genannten Gewürzen geben. Paprika in kleine Würfel schneiden und dazu geben. Mit Senf, Zucker und Zitrone abschmecken. Masse in die Tomaten füllen und als Haube eine Scheibe Ziegenkäse benutzen.

Im Ofen bei 180° C Umluft ca. 20 Min backen.

Terrinen-Tipp: Linsen haben einen hohen Gehalt an Zink. Zink schützt die Körperzellen und das Gewebe vor „freien" Radikalen, welche die Zellmembranen und damit die einzelnen Zellen erheblich schädigen können. Eine ausreichende Zinkzufuhr sorgt mit dafür, dass freie Radikale rasch abgebaut werden können und das Zellsystem intakt bleiben kann.

GRÜNES TOTO TUTTI FRUTTI À LA KIWI

VEGAN / VEGETARISCH

4 PERSONEN

6 Kiwis - 3 Äpfel - 250 g Trauben - 2 Birnen - 1 großer Becher Soja-Joghurt - 2 Orangen - 2 Limetten - 5 Blätter frische Minze - 5 Blätter frischer Basilikum - Honig - 1 TL Mandelöl - Eiswürfel

Vitamine für die Musiker!
Obst schälen, Zitrusfrüchte auspressen und zusammen mit ca. 8 Eiswürfeln in einen Mixer geben.
Ist alles gut püriert, kommen zum Schluss der Joghurt und die Minze dazu. In einem schönen Glas servieren, mit ein paar Tropfen Mandelöl beträufeln und mit einem Minzeblatt dekorieren.

Terrinen-Tipp: Perfekt wäre natürlich ein Entsafter (bitte nicht die billigste Variante; der Preis zahlt sich hier wirklich aus!). Wer nicht so gerne Obst isst, kann hier leicht seine Vitamine im Glas genießen.

Tipp: Bitte nicht das Öl vergessen, da sich so Vitamine besser binden lassen und vom Körper besser aufgenommen werden.

GUILDO HORN
BAUMNUSS-KOKOS MAKRONEN

À LA GRAND-PÈRE

8 Eier - 500 g Puderzucker - 400 g Kokosflocken - 100 g gemahlene Baumnüsse (Walnüsse)

Die Eier zusammen mit dem Puderzucker in eine Schüssel geben und mit einem Mixer verrühren. Langsam die Kokosflocken und die gemahlenen Baumnüsse untermischen, so dass ein nasser Teig entsteht. Backpapier auf ein Backblech legen und mit zwei Teelöffeln (ein Teelöffel, um den Teig aus der Schüssel zu nehmen und ein Löffel, um den Teig vom Löffel abzustreichen) aus dem Teig kleine Makronen formen und in den vorgeheizten Ofen schieben.

20 bis 25 Min backen bei 180° C

Terrinen-Tipp: Wer möchte, kann unter die Makronen eine Oblate setzten, so haben es die Omas immer gemacht!

Terrinen-Info: Die hier verwendeten Walnüsse (auch Baumnüsse genannt), sind selbst aufgesammelt und gemahlen worden. Macht Spaß und sie sind gesund!

STEFAN GWILDIS FORELLENCRÈME

4 PERSONEN

250 g Forellenfilets - 200 g Frischkäse - 1 Bund Dill - 3 EL Sahnemeerrettich - ein Spritzer Zitronensaft - S/P

Die Forellenfilets ganz klein schneiden, dann mit dem Frischkäse verrühren. Den Dill klein hacken und untermischen. Anschließend den Meerrettich, den Zitronensaft und die Gewürze dazugeben und abschmecken. Dann mit Brot oder Pasteten genießen.

ALAN PARSONS VIKTORIABARSCH PROJECT

4-6 PERSONEN

6 Stücke frischen Viktoriabarsch - 4 Rosmarinzweige - 4 Thymianzweige - 8 Salbeiblätter - 8 Basilikumblätter - S/P - 2 TL Honig Senf - 1 EL Apfelessig - 200 ml Sojaöl - 1 Limette

Kräuter alle klein schneiden. Bitte nicht zu sehr hacken, sonst gehen die wertvollen ätherischen Öle in den Kräutern verloren. Den Fisch zusammen mit den Kräutern und den restlichen Zutaten in eine Auflaufform geben und den Fisch marinieren. Etwa 2 Stunden kühl stellen.
Danach mit Öl oder Butter scharf anbraten und auf kleiner Hitze gar werden lassen oder den Fisch in Butterbrotpapier mitsamt Marinade einwickeln und im Ofen bei 180° C etwa 15 Min garen lassen.

Terrinen-Tipp:
Fisch enthält Vitamin B12 und Vitamin B6, Eiweiß, ebenso notwendige und gesundheitsfördernde Fettsäuren (Omega-3-Fettsäuren) und Jod.
Thymian regt die körpereigenen Abwehrkräfte an und hilft gegen Bronchialkatarrh, Erkältungen, Husten und Schnupfen.

KIM WILDE ZUCCHINI PARMESAN-SUPPE

VEGETARISCH

4 PERSONEN

1 kg Zucchini - 3 EL Olivenöl - 750 ml Gemüsebrühe
1/2 Bund glatte Petersilie - 150 g Crème fraîche
100 g Parmesan - Knoblauchzehe - 1 Prise Zucker
1 Prise Paprika - Pfeffer - 1/2 Zitrone

Zucchini waschen und in Scheiben schneiden. Acht Scheiben zur Seite legen und den Rest in Öl andünsten. Die Gemüsebrühe hinzugeben, eine Knoblauchzehe hineinpressen und kurz aufkochen. Anschließend bei geringer Hitze 8 Min köcheln lassen und pürieren. Die Petersilie zusammen mit der Crème fraîche und dem Parmesan verrühren. Mit Zucker, Pfeffer, Paprika und dem Saft einer halben Zitrone abschmecken. Dies nun zur Suppe geben und bei schwacher Hitze ein paar Min köcheln lassen. Die restlichen Zucchinischeiben in Stifte schneiden und scharf anbraten. Zu guter Letzt werden die Stifte als Garnitur auf der Suppe serviert.

Gericht für weitere Bands zubereitet: Quattro Stagioni, Young Widows, Trainwreck

LAITH AL-DEEN ASIATISCHER GURKENSALAT

MIT GARNELENSPIESSEN

4 PERSONEN

2 Salatgurken - 2 Chicoree oder 2 Mini Romanasalate -
16 Garnelen - Sonnenblumenöl - Knoblauch - S/P
Salatdressing: 4 EL Sonnenblumenöl - 1 EL Weißweinessig -
S/P - Zucker - 1 EL asiatische Sweet-Chili-Sauce

Die Salatgurken waschen, schälen und mit dem Schäler längs in feine Scheiben schneiden. Die Chicoreeblätter einzeln abtrennen und waschen. Die Gurkenscheiben in die Mitte einer Salatschüssel verteilen und die Chicoreeblätter am Rand nebeneinander stecken. Die Garnelen in einer Pfanne mit heißem Öl und Knoblauch anbraten und mit Salz und Pfeffer würzen. Die Zutaten für das Dressing miteinander vermischen und über die Gurkenscheiben verteilen. Die Garnelen auf Holzspieße stecken (3-4 auf einen Spieß) und auf die Chicoreeblätter legen. Zum Schluss frische Kräuter über den fertigen Salat streuen.

Gericht für weitere Bands zubereitet: Roger Cicero, PUR

PANGASIUS VARIANTE IN TOMATENSUGO À LA ROGER CICERO

LECKER SCHMECKT PANGASIUS AUCH IN FOLGENDER MARINADE:

2 Dosen Pizzatomaten - 1 Chili - 1 rote Peperoni (in Scheiben oder gehackt) - frischer Dill - S/P - 1 TL Zucker - 2 EL Ajvar - 2 EL Nelken - 2 EL Senfkörner - Zitronenöl - 2 EL Dijon Senf mit Honig - 1 Prise Oregano, getrocknet oder frisch - 1 Bund Petersilie, glatte! (gehackt) - 1 Schuss Weißwein oder weißer Balsamico

Den Fisch in die Marinade legen **(Rezept s. Seite 74)**. Bitte, nachdem der Fisch gezogen hat, die Marinade nicht entfernen, sondern als Sugo/Sosse benutzen und mit in die Pfanne geben.

Zitat: „Der Fisch schmeckt ausgezeichnet" (Roger Cicero 19.08.2007)

AIR TOFU-CURRY

VEGAN

6 PERSONEN

300 g Tofu - 2 Stängel Zitronengras - 1 Staudensellerie - 1 Bund Lauchzwiebeln - 2 Knobi-Zehen - S/P - 1 Bund Koriander (frisch) - 1 Limette - 2 TL Honig - 1 EL gelbe Currypaste - 1 l Kokosnussmilch oder Sojamilch - 250 ml Orangensaft, oder Ananassaft - 1 frische rote Peperoni - 4 Blätter Thai-Basilikum - Stück Schnur

Tofu und Zwiebeln in Würfel und Staudensellerie in Scheiben schneiden und in einem Topf scharf anbraten. S/P, Knobi und Currypaste dazugeben und mit Saft ablöschen. Milch dazuschütten und Gewürze (Zitronengras, Koriander, Thai-Basilikum) mit einem Faden zu einem Päckchen zusammenschnüren und in die Soße hineinlegen. Das ganze 30 Min unter leichtem Köcheln ziehen lassen. Mit Limette und Honig abschmecken.

Terrinen-Tipp: Dazu passt sehr gut Jasminreis und ein leckerer grüner Jasmintee!!!

Gericht für weitere Bands zubereitet: Nouvelle Vague, Ignite, Caliban

Hallo Mädels!

P.S. → ich geh' jetzt in Hotel, Füße mal waschen. unheimliche Latscherei hier! 23.1.08

Euer Helge

HELGE SCHNEIDERS SCHOKOLADEN ERDBEER WAHNSINN

4 PERSONEN

200 g American Cookies - 50 g Butter - 1 Pk Schokoladenpudding-Pulver (für die Zubereitung braucht man 500 ml. Milch und 4 EL Zucker) - 500 g frische Erdbeeren - 3 EL Zucker - Schokoladenstreusel

Die amerikanischen Cookies in eine Schüssel geben und mit einem Glas zu kleinen Krümeln zerstoßen. Anschließend die Butter in einem Topf schmelzen. Die geschmolzene Butter zu den Kekskrümeln geben und gut vermischen. Das Butter-Keks-Gemisch in einer Glasschüssel (damit man später die einzelnen Schichten gut erkennen kann) am Boden festdrücken. Den Schokoladenpudding nach Packungsanleitung zubereiten, erkalten lassen und dann über den Keksboden geben. Von den 500 g Erdbeeren ca. 100 g zur Seite legen (zur Dekoration), den Rest mit einem Pürierstab und dem Zucker pürieren. Anschließend die pürierten Erdbeeren über die Schokoladenpuddingschicht geben.
Mit den zur Seite gelegten Erdbeeren dekorieren und zum Schluss die Schokoladenstreusel darüber verteilen.

SIMPLY RED SOMMERSALAT

MIT ZITRONEN-SENF-VINAIGRETTE

4 PERSONEN

1 Eichblattsalat - 1 Rucola - 1 Salatgurke - 1 rote Paprika - 4 Tomaten - 2 EL Sesamkörner

Den Salat waschen, die Stiele vom Rucola abschneiden. Die Salatgurke schälen und in dünne Scheiben schneiden. Die Tomaten waschen, den Strunk entfernen und in Achtel schneiden. Die Paprika in Streifen schneiden.

Vinaigrette: 3 EL Olivenöl, 1 EL Weisweinessig, Saft von einer halben Zitrone, 1 EL Naturjoghurt, 1 TL Dijon Honig-Senf, Petersilie. Alle Zutaten miteinander kräftig verrühren und mit Salz, Pfeffer abschmecken. Das Dressing über den Salat geben und mit den Sesamkörnern und der Petersilie bestreuen.

Gericht für weitere Bands zubereitet: Kettcar

DER FANTASTISCHE VIERSICHKUCHEN

1 kg Quark (Magerstufe) - 4 Eier - 300 gr. Zucker - 125 gr. weiche Butter - 2 EL Grieß - 1 Pk Vanillepuddingpulver - 1 Pk Backpulver - 1 Pk Bourbon Vanillezucker - 1 Dose Pfirsiche

Den Quark in einem Küchenhandtuch ausdrücken, dann in eine Rührschüssel geben. Die Eier, den Zucker, und die Butter dazugeben und dann mit dem Handrührgerät die Masse verrühren. Anschließend den Grieß, das Vanillepuddingpulver, das Backpulver und den Vanillezucker dazugeben. Die Dosenpfirsiche abtropfen lassen, in kleine Stückchen schneiden und zu dem Rest geben. Alles noch mal gut verrühren und dann die Masse in eine gefettete und bemehlte Springform füllen.

Backzeit:
Bei 180° C ca. 50 Min auf mittlerer Schiene backen, bis der Kuchen goldgelb ist.

SASHA HASELNUSSKUCHEN

2 Tassen (als Maß kann eine normale Kaffeetasse genommen werden) Mehl - 2 Tassen Zucker - 1 Tasse Sprudel - 1 Tasse neutrales Pflanzenöl - 200 g gemahlene Haselnüsse - 100 g Schokoladenflocken - 1 Pk Backpulver - 2 Pk Bourbon Vanillezucker - 5 Eier

Alle Zutaten in eine Rührschüssel geben und mit einem Handrührgerät cremig rühren. Den Teig in eine gefettete und bemehlte Springform füllen und glatt streichen.

Zubereitungszeit:
Den Ofen auf 180° C vorheizen und ca. 1 Stunde backen. Dann die Stäbchenprobe machen, um sicherzugehen, dass er wirklich gar ist.

Terrinen-Tipp: Man kann den Kuchen auch mit Mandeln und 200 g Schokolade, oder mit Sauerkirschen backen.

Zitat TV 29.07.06: **„Die Mädels haben einfach zu gut gekocht!“**

Meine lieben Mädels!
NIE WIEDER ...
... werde ich Euer verdammt leckeres Essen (incl. Kuchen) so nur vor der Show zu mir nehmen ☺
Toll war's trotzdem
DANKE
Sasha

KONZERTE IN:

GALERIE

TRIER:
EXHAUS, EUROPAHALLE, FORUM
ESCH ALZETTE:
ROCKHAL, KULTURFABRIK

NO TURNING BACK
TRIER SUMMERBLAST 07

DARKEST HOUR
MIKE SCHLEIBAUM

BILLY TALENT
EUROPAHALLE TRIER 06

BEATSTEAKS
ARNIM TEUTOBURG-WEISS

BEATSTEAKS
TORSTEN SCHOLZ & THOMAS GÖTZ

BEATSTEAKS
BERND KURZKE

FORMER CELL MATES

Davey Burdon

NIKOLA SARCEVIC
FORUM TRIER 07

KEVIN DEVINE
EXHAUS TRIER

AKIMBO
TRIER EXHAUS

WALLS OF JERICHO
TRIER SUMMERBLAST 07

WALLS OF JERICHO
EXHAUS TRIER

FORMER CELL MATES

Davey Burdon

Millenium

PARKWAY DRIVE
TRIER SUMMERBLAST 07

NEAERA
TRIER SUMMERBLAST 07

JUPITER JONES
Sascha Eigner

MILLENCOLIN

InTuneGP

MUFF POTTER
FORUM TRIER 07

ONE TWO
EUROPAHALLE TRIER 08

ITCHY POOPZKID
LOSHEIM 06

ITCHY POOPZKID
26.12.2006 Losheim

FEAR MY THOUGHTS
TRIER SUMMERBLAST 07

ONE TWO
EUROPAHALLE TRIER 08

WIR SIND HELDEN
POLA ROY

BILLY TALENT
AARON SOLOWONIUK

DOLLHOUSE
ANDREAS HEED

VON DER ROCKTERRINE WURDEN SCHON BEKOCHT...

Fanta 4 + Beatsteaks + Sportfreunde Stiller + No Turning Back + Simply Red + Bela B + Guildo Horn + The Weakerthans + Propagandhi + Subway To Sally + But Alive + Neaera + Bakkushan + Guano Apes + Muff Potter + Patricia Kaas + Bright Eyes + The Faint + Schandmaul + In Extremo + The Creetins + Hans Söllner + Fools Garden + Darkest Hour + Boy Sets Fire + Strike Anywhere + From Autumn To Ashes + New Model Army + The Hooters + Tomte + Napalm Death + Andreas Vollenweider + Sasha + Nouvelle Vague + Parkway Drive + Ezio + Walls Of Jericho + Seeed + Millencollin + Disco Ensemble + Air + Sugarcult + Hermann Van Veen + Akimbo + No Use For A Name + Me First And The Gimme Gimmes + Black Dahlia Murder + Most Precious Blood + Fear My Thoughts + Pohlamnn + Toto + Drummers Of Burundi + Home Of Lame + Olli Schulz und sein Hund Marie + Stefan Gwildis + Endearment + Methodmam & Redman + Billy Talent + Revolverheld + Mad Caddies + Itchy Poppzkid + Abbamania + Anke Engelke + Favez + Steakknife + Quest For Rescue + 1 Mai 87´ + Oomph! + Jupiter Jones + Maroon + Baffdecks + Rise And Fall + Laith Al Deen + Bambix + Stereo MC`s + Gentleman + Ignite + Kafkas + Pale + Roger Cicero + Thomas Van Norden + Rantanplan + Monochrome + Elliott + Knochenfabrik + Converge + Wohlstandskinder + Kevin Devine + Sometree + Wizo + Wir sind Helden + Pennywise + The Roots + Hubert von Goisern + Die Happy + Alkaline Trio + Saves The Day + Thrice + Monster Magnet + Less Than Jake + Poison The Well + The Vandals + Waterdown + Kill The Young + Leatherface + Former Cell Mates + George Benson + Nikola Sarcevic + Blackmores Night + I Knew It: Hurray! + Strung Out + Kosheen + Calexico + Caliban + Heaven Shall Burn + Ohrbooten + Anne Clark + PUR + Dieter Thomas Kuhn + J.B.O. + The Roots + A Death In The Family + Juanes + Dollhouse + Project Pitchfork + Billy No Mates + Garland Jeffreys + Kettcar + Alan Parsons Project + 28 Costumes + Voo + one two + Bakkushan + uvm....

.REGISTER

FLEISCHGERICHTE

FISCHGERICHTE

GEMÜSEGERICHTE

PASTA

FINGERFOOD

SALATE

SUPPEN

KUCHEN UND DESSERTS

BEILAGEN

ROCKTERRINE

DANKSAGUNG

* * *

AN DIESER STELLE MUSS DANK AUSGESPROCHEN WERDEN:

Meinen Eltern und meiner Familie für jede Hilfe, mit der sie mich zu diesem Punkt geführt haben, an dem ich gerade angekommen bin! (Mama, Papa, Dany, Carsten, Oliver, Annika, Udo, Karin, Erik, Jörg, Lars)

Professor Anita Burgard für Beratung und Unterstützung.

Den Mädels von der Rockterrine: Kaddi, Simone, Samaneh für all die Konzerte, auf die ich euch begleitet habe, die leibliche Versorgung, bei der man sagen konnte, man hat wie ein Rockstar gelebt, und den Spaß, den man Backstage hatte!

Lenni für die textliche Unterstützung, das Korrektorat, die Interviews und weil er mich zum Thema meiner Diplomarbeit geführt hat.

Andi für Beratung, Benutzung der Tageslichtlampe zum Ausleuchten des Essens, für den täglichen Blödsinn und die schöne Zeit in der M17.

Andi, **Ruth, Olli, Tobi und meinem Bruder Udo** für Korrektur.

Olli und Nico dafür, dass das Buch in den Bücherregalen steht, damit geht ein kleiner Traum in Erfüllung.

ROCKTERRINE DANKT:

Jens, unseren Familien und Freunden, Andy Lehnertz, Hühni, Thomas Greif, Elke und Wolfgang vom Delikat, Achim, Popp Concerts, Exhaus, Fine Dishes, André Rossow, Pelz, allen von uns bekochten Bands und recht herzlichen Dank auch an unsere liebevollen Cateringhilfen.

IMPRESSUM

* * *

Konzept und Gestaltung: Jens Nink / www.skillforum.org
alle Fotos von Jens Nink außer:
Sylvie - Ben (Seite 43), Katrin Lauter - Brami (Seite 22), Kettcar (Seite 54-55), Callejon (Seite 94), Kevin-Devine-Fotos von Andreas Lehnertz

Rezepte: Rockterrine / Katrin / Simone / Samaneh
Callejon vs. Rockterrine ZOMBIEKRAUT Rezept: Callejon
Korrekturlesen: Katrin, Simone, Andreas Lehnertz, Ruth Biniwersi, Tobias Fuchs, Oliver Krämer und Udo Nink

* * *

CHECK OUT:
www.rockterrine.de www.myspace.com/rockbuch
www.skillforum.org

Rockbuch ist ein Imprint der edel entertainment GmbH

www.rockbuch.de www.edel.de

Originalausgabe

Printed in Italy

ISBN 978-3-927638-49-5